Ludwig Thoma

Wilhelm Liebhart · Gertrud Maria Rösch
Klaus Wolf (Hg.)

Ludwig Thoma

BÜRGERSCHRECK UND BAYERNDICHTER

Festgabe für Bernhard Gajek
zum 95. Geburtstag

Verlag Friedrich Pustet
Regensburg

Die Drucklegung des vorliegenden Bandes wird gefördert von:

Bibliografische Information der Deutschen Nationalbibliothek
Die Deutsche Nationalbibliothek verzeichnet diese Publikation
in der Deutschen Nationalbibliografie; detaillierte bibliografische
Daten sind im Internet über https://dnb.dnb.de abrufbar.

© 2024 Verlag Friedrich Pustet, Regensburg
Gutenbergstraße 8 | 93051 Regensburg
Tel. 0941/920220 | verlag@pustet.de

ISBN 978-3-7917-3478-1
Umschlaggestaltung: Heike Jörss, Regensburg
Covermotiv: Illustration „Ludwig Thoma: Pegasus Bavaricus" von Hans Reiser, 2021
Satz: Vollnhals Fotosatz, Neustadt a. d. Donau
Druck und Bindung: Friedrich Pustet, Regensburg
Printed in Germany 2024

eISBN 978-3-7917-7499-2 (pdf)

Unser gesamtes Programm finden Sie unter
www.verlag-pustet.de

Inhalt

Vorwort 7
Wilhelm Liebhart, Gertrud Maria Rösch, Klaus Wolf

Ludwig Thomas Jubiläumsgedichte als Teil seiner Lyrik 11
Anna-Maria Diller

Ludwig Thoma und der Dialekt 43
Klaus Wolf

Ludwig Thomas Affinität zur Geschichte 51
Thoma, Riehl und König Max II. von Bayern
Wilhelm Liebhart

Ludwig Thomas Leben und Werk in Frankreich 79
Aspekte seiner Rezeption bis in die Gegenwart
Nicole Durot

,Der reine Bauer in der Arena der deutschen Literatur' 109
Oskar Maria Graf liest Ludwig Thoma
Waldemar Fromm

Anhänger oder Antipode? 125
Peter Schers ambivalentes Verhältnis zu Ludwig Thoma
Michael Pilz

Sammeln, Sichten, Bewahren 153
Bernhard Gajeks Lebenswerk
Gertrud Maria Rösch

Bernhard Gajek – Schriftenverzeichnis 157

Die Beiträgerinnen und Beiträger 174

Vorwort

Der vorliegende Band greift aus dem vielfältigen wissenschaftlichen Œuvre Bernhard Gajeks einen prominenten Aspekt heraus. Der Edition der Werke Ludwig Thomas und der Darstellung wenig erhellter oder legendenumwehter Lebensstationen dieses Autors waren zahlreiche seiner Arbeiten ab den 1980er Jahren gewidmet. Nimmt man zwei auflagenstarke Kurzbiographien über Thoma vor 1980 zur Hand, so lässt sich der Abstand zur heutigen Einschätzung dieses Autors ermessen. 1963 erschien die Darstellung von Fritz Heinle in der Reihe der rororo-Bildmonographien. Heinle schildert anschaulich die Lebensstationen, zitiert die Briefe und Werke pointiert und kann reiches Bildmaterial bieten. Über die hetzerischen Artikel für den *Miesbacher Anzeiger* geht er hinweg und erwähnt lediglich in der Zeittafel unter dem Jahr 1919: „Innere Einsamkeit, Verbitterung. Trotzdem neue Pläne. Zermürbender, leidenschaftlicher Kampf um die geliebte Frau. 149 anonyme Kampfartikel im ‚Miesbacher Anzeiger'. *Münchnerinnen.*" Ein Stück weiter ging Peter Haage in seiner Biographie von 1975 mit dem Titel *Ludwig Thoma. Bürgerschreck und Volksschriftsteller*. Lebendig und dazu im historischen Präsens schreibend, stellt Haage Thomas Biographie und Werk in den historischen und sozialen Kontext und stößt so notwendigerweise auf die kritischen Punkte, etwa die Begeisterung für den Krieg 1914. Diese versteht er im Rahmen einer durchgehend konservativen und militaristischen Haltung seit dem Beginn der Arbeit für den *Simplicissimus*. Aber auch Haage sind die Artikel im *Miesbacher Anzeiger* nur etwas mehr als eine Druckseite wert; diese Zurückhaltung mag damit zusammenhängen, dass sie seinerzeit nicht im Wortlaut bekannt und schwer greifbar waren, weil nicht nachgedruckt. Beide Darstellungen leiten aus der Existenz der Beiträge keine Abwertung der Person Thomas und seines Werkes ab. Es überwiegt bei ihnen das Interesse an einem hochproduktiven Autor und seiner Biographie, die zeittypische Widersprüche der wilhelminischen Gesellschaft repräsentierte.

Verleihung der Ludwig-Thoma-Medaille 1986 im Haus auf der Tuften an Bernhard Gajek (links) und Herbert Riehl-Heyse (rechts) durch den Münchner Oberbürgermeister Georg Kronawitter (Hilda Angermaier/SZ Photo).

Diese Einschätzung hat sich grundlegend geändert, seit ein Regensburger Kollege Bernhard Gajeks, der Landeshistoriker Wilhelm Volkert (1928–2020), im Jahr 1989 die kommentierte Edition der Artikel im *Miesbacher Anzeiger* vorlegte. Die Erhellung dieser letzten beiden Lebensjahre öffnete den Blick auf die schon vorher bestehenden stark patriarchalischen, konservativen und aggressiven Tendenzen in seiner Biographie. Von ihnen getrieben, konnte Thoma sich gegen vieles richten, das er reflexhaft als das Andere ansah, seien es Frauenemanzipation, Judentum oder die zeitgenössische Kunst des Expressionismus.

Die Beschäftigung mit einem solchen Autor führt zu den zentralen Themen von Bernhard Gajeks wissenschaftlichem Schreiben, das rechtliche und moralische Fragen sowie den Auftrag der Kunst und ihre Funktion innerhalb der Gesellschaft immer wieder behandelte. Sichtbar wird auch hier ein roter Faden seiner philologischen Arbeiten: die Zusammenschau von Biographie und Werk.

Aus Anlass seines 95. Geburtstags am 19. März 2024 erscheint nun zum zweiten Mal ein Band zu seinen Ehren, nach der Festschrift 1994 zum 65. Geburtstag (auch damals schon im Verlag Friedrich Pustet). Die Beiträgerinnen und Beiträger dieses Bandes haben in Bernhard Gajek einen wissenschaftlichen Mentor und Förderer, einen Kollegen und Gesprächspartner gefunden und führen seine Forschung zu Ludwig Thoma und der Literatur der Jahrhundertwende in ihrem jeweiligen Feld weiter. Der Titel nimmt absichtsvoll Bezug auf Peter Haages Darstellung, die vor beinahe fünfzig Jahren erschien.

Die Herausgeber danken allen Personen wie Institutionen, die das Zustandekommen des Bandes finanziell unterstützt haben, insbesondere der Hubertus Altgelt-Stiftung. Initiiert wurde der Band von dem Journalisten Franz-Josef Rigo; der Verlag Friedrich Pustet Regensburg nahm ihn in sein Programm auf. Ihnen sei aufrichtig gedankt.

Wilhelm Liebhart, Gertrud Maria Rösch, Klaus Wolf

Ludwig Thomas Jubiläumsgedichte als Teil seiner Lyrik

Anna-Maria Diller

Man muss die Feste feiern, wie sie fallen. Und mit einem Gedicht krönen, könnte man bei Ludwig Thoma ergänzen. Nicht dass Ludwig Thoma jeden Geburtstag oder jede Feierlichkeit versifiziert hätte. Aber manche Gelegenheiten goss er gerne in Verse und ließ aus einem Anlass heraus seine Dichter-Feder schwingen. Für Ludwig Thoma kein Problem, war er doch als Redakteur beim *Simplicissimus* auf das Dichten spezialisiert. Im April 1900 hatte er diesen Posten in leitender Funktion von seinem Vorgänger Korfiz Holm übernommen – und bis 1915 inne. In dieser Zeit hatte er mindestens ein Gedicht pro Woche für die Wochenzeitschrift zu schreiben – meistens ein satirisches Gedicht, das er als sein Alter Ego ‚Peter Schlemihl' anfertigte.[1] Auf diese Weise entstanden allein 485 ‚Peter Schlemihl'-Gedichte, fast 900 Beiträge Thomas im *Simplicissimus* insgesamt und innerhalb der Thomaschen Lyrik über 200 weitere Gedichte.[2] Letztere

---

[1] Peter Schlemihl schrieb gegen die borniert Obrigkeit, gegen moralisierende Heuchelei, gegen das selbstverliebte preußische Kaiserhaus und gegen das gefährliche militärische Säbelrasseln am Vorabend des Ersten Weltkriegs. Hinter dem Pseudonym konnte sich Thoma verstecken, Wahrheiten aussprechen, die er als Ludwig Thoma nicht ohne Weiteres hätte abfeuern können. – Vgl. Anna Diller, Ludwig Thomas Versdichtungen. Textedition und Kommentar. 3 Bde. Bd. 1: Textedition. Bde. 2–3: Kommentar. München 2014. hier: I, 24–28. [im Folgenden: Diller] – Als Dissertation zuvor als: Anna-Maria Diller, Ludwig Thomas Versdichtungen. Textedition und Kommentar. 2 Bde. Diss. Regensburg 2013.

[2] Meine Forschungen im Zuge der gleichnamigen Dissertation ergaben, dass Ludwig Thoma zeitlebens rund 725 Gedichte verfasst hat. Davon sind etwa 708 fertige, abgeschlossene Gedichte, die restlichen 17 setzen sich aus Gedichtfragmenten und -entwürfen sowie verlässlichen Hinweisen zu bislang unentdeckten, weil unauffindbaren Texten zusammen. Über 95 Prozent der über 700 Gedichte sind im *Simplicissimus* abgedruckt und erstveröffentlicht worden. – Siehe Diller I, 12, 30 u. 43.

waren meistens ebenfalls, ohne Pseudonym, für den Abdruck im *Simplicissimus* bestimmt, so dass nur ein verschwindend geringer Teil von Gedichten unter freien Umständen heranwuchs. Umso mehr standen dann jene Gedichte, die privat – oftmals für einen besonderen Anlass oder ein bestimmtes Jubiläum – geschrieben wurden, außer Konkurrenz zu der Satirezeitschrift und zum Teil auch fern vom Publizieren. Hier überwiegt als augenfälligster Unterschied inhaltlich und sprachlich ein deutlich persönlicherer, zurückhaltenderer Stil. Diesen Gedichten soll die vorliegende Betrachtung gelten.

Lyrische Anfänge

Als Lyriker der eher leisen Töne hatte Thoma eigentlich auch begonnen. Im Alter von 22 Jahren legte er ein Blankobüchlein an, in das er fortan Jugendgedichte eintrug. Damit feierte er die Schönheit der Natur oder ein erhabenes Gefühl einem Jubiläum gleich. Die Stille des Waldes oder die Beschaulichkeit der Nacht oder die Anmut des Chiemsees und der Berge waren ihm Anlass genug, seine feierliche Stimmung in Versform zu kleiden. Eines der Gedichte widmete er sogar einer jungen Frau, die er im Sommer 1892 am Chiemsee kennen- und platonisch lieben gelernt hatte. Die damals ungefähr gleichaltrige junge Frau aus Nürnberg hieß Johanna Sachs und verbrachte mit ihren Eltern und ihren beiden Schwestern den Sommerurlaub am Chiemsee. Dort lernte der junge Traunsteiner Rechtspraktikant Thoma die Familie kennen und zeigte ihr wie ein Touristenführer seine Heimat, in der er jede Internats- und Semesterferien verbrachte.[3] Nachhaltig beeindruckt von der gemeinsamen Zeit mit der Familie und insbesondere von Johanna schreibt er ein Sehnsuchtsgedicht, wobei er die Sehnsucht nach der vergangenen Urlaubszeit von Johannas Seite aus betrachtet. Dem Sehnsuchtsmotiv entsprechend ist das Gedicht im Stil der Romantik geschrieben und spielt mit verklärten Bildern wie dem

---

[3] Vgl. DILLER I, 18 f.

Mädchen „am Spinnrad – in dem traulichen Gemach", dem „Herbstwind", der „an den Fenstern rüttelt" und dem „Heimweh nach dem stillen Glück". Es endet mit den beiden Versen: „Hört Ihr geheimnisvoll die Wogen rauschen, / Sie rufen Euch: O kehrt zurück!".[4] Auch die Beendigung seines Studiums mit dem Ersten Juristischen Staatsexamen 1890 und dem Zweiten 1893 war ihm ein Gedicht wert. Ganz in der Tradition der romantischen Studentenlieder besingt er das Ende der unbeschwerten, unkonventionellen Studentenzeit. Hier und da blitzt der Schelm in ihm auf, wenn er der „Frau Wirtin", „diesen letzten Abschiedstrunk" „schuldig bleiben"[5] will. Wie viele Studenten konnte Thoma bei den feucht-fröhlichen Zechrunden unter Kommilitonen seine Rechnung nicht immer begleichen. Das Gedicht schickte er den *Fliegenden Blättern* – und am 12. März 1893 wurde es dort abgedruckt.[6] Das Gedicht war die erste Gedichtveröffentlichung Ludwig Thomas und nach einem Witz die zweite Veröffentlichung überhaupt.[7]

Mit dem Ende des Studiums ändern sich auch seine Gedichte. Das Studentenlied, das den letzten Eintrag in dem Notizbüchlein markiert, steht exemplarisch für das Ende seiner frühen, romantisierenden Lyrik. Die ambitioniert poetisch-feierliche Lyrik weicht zotiger Stammtischpoesie. Stammtischgespräche waren dem Wirtssohn, dessen Mutter in der Chiemsee-Region mehrere Gasthäuser bewirtschaftete, nicht fremd. Auf den Mund gefallen war er sowieso nicht, so dass er mit steigendem Alter auch selbst recht kräftig bei den politisierenden Unterhaltungen mitmischte, v. a. wenn er sich unter Gleichgesinnten oder Freunden wähnte. Eine solche Runde fand er in der Münchner Wirtschaft „Herzl". Dort traf sich regelmäßig eine bunt gemischte, illustre Runde bestehend aus Literaten, Malern, Ge-

---

[4] Vgl. DILLER I, 73, II, 707–709. – Eine Abschrift des Gedichts schickte er zusammen mit Fotos und/oder Zeichnungen in Form eines Chiemsee-Urlaub-Erinnerungspaketes nach Nürnberg.
[5] Vgl. DILLER I, 73 f., II, 709–711.
[6] Dr. Th.: Studenten-Abschied. In: Fliegende Blätter, Bd. 98 (1893), Nr. 2485 (12.03.1893), 100.
[7] DILLER I, 20 f.

schäftsleuten, Beamten und Militärs.[8] Diese inspirierte ihn offensichtlich zu manch launig-lustigen, ironischen Gedichten, meist gewidmet einem Freund der Stammtischrunde.[9] In ihnen macht sich Thoma – auch getragen von einer gewissen Bierseligkeit und lockeren Atmosphäre – über den Besungenen oder auch über sich selbst lustig.[10] Eines davon, das Thoma im Mai 1894 in sein Tagebuch notiert hatte, lautet:

> Am runden Tisch im kleinen Kreis
> Bei weisen Reden sitzen,
> Dazu nach hergebrachter Weis'
> Gottsjämmerlich zu schwitzen.[11]

Wenig später, ab 1895, löste die Dachauer Stammtischrunde die Münchner ab. Ludwig Thoma war nun fertiger Rechtsanwalt mit einer ersten eigenen Kanzlei in Dachau. Und die neue, lokale Stammtischrunde bestand aus Bauern und Handwerkern sowie aus Intellektuellen und Künstlern. Letztere nutzten das Dachauer Moos, um dort in den ebenen Feuchtbiotopen und der typischen, besonderen Lichtstimmung Landschaften und Milieustudien zu malen. Diese landschaftsbezogene Malerei ging als Dachauer Freilichtmalerei und ihre Künstler als Dachauer Künstlerkolonie in die Kunstgeschichte ein. Durch diese Künstlergruppe kam der junge ortsansässige Rechtsanwalt zum *Simplicissimus*-Kreis, zu dem damals der Zeichner Bruno Paul gehörte, der wiederum mit der Dachauer

---

[8] Vgl. Helmut AHRENS, Ludwig Thoma. Sein Leben, sein Werk, seine Zeit. Pfaffenhofen 1983. 198 ff. [im Folgenden: AHRENS] – Vgl. auch Fritz HEINLE, Ludwig Thoma in Selbstzeugnissen und Bilddokumenten. Reinbek bei Hamburg 1963, ²1985 (= rowohlts monographien 80). 42 ff. [im Folgenden: HEINLE].
[9] Vgl. Ludwig THOMA, Erinnerungen. Leute, die ich kannte. Hg. v. Hans PÖRNBACHER. München, Zürich 1996 (= Serie Piper Bd. 2294). 110. [im Folgenden: Erinnerungen]
[10] Vgl. DILLER I, 74–76, II, 712–719.
[11] In: Tagebuch (01.03.–28.05.1894). [46]. – Zu dem Gedicht heißt es: „An Hans nach München". – Siehe DILLER I, 76, II, 717 f.
[12] Agricola. Bauerngeschichten erzählt von Dr. Ludwig THOMA. Mit Zeichnungen von Adolf Hoelzel u. Bruno Paul. Passau 1897.

Künstlergröße Adolf Hölzel befreundet war. Beide statteten Thomas erstes Buch, die Bauerngeschichten-Sammlung *Agricola*[12], mit Zeichnungen aus. Thoma selbst hatte sich diese beiden Künstler für sein Erstlingswerk gewünscht. Seinem Gönner aus der Traunsteiner Zeit, Assessor Jakob Frankl, versah er ein Exemplar mit einem persönlichen Widmungsgedicht:

> Voll Verwunderung steht die Henne
> Vor dem ersten Ei.
> Und den Kopf bedächtig schüttelnd
> Denkt sie mancherlei.
> S'ist nicht bloß die weiße Farbe,
> Die sie wundernahm,
> Wenn sie denkt, wie es gekommen
> Und woraus es kam.[13]

Frankl hatte es Thoma finanziell ermöglicht, seine Rechtspraktikantenzeit nicht nur in Traunstein, sondern auch im lehrreicheren München zu verbringen. Die Münchner Zeit hatte den werdenden Juristen wiederum zu dem „Herzl"-Stammtisch und den daran ebenfalls teilnehmende Redakteur der *Augsburger Abendzeitung*, Joseph Ritter, zu ersten Veröffentlichungen politischer Plaudereien gebracht. In der belletristischen Beilage zur *Augsburger Abendzeitung*, genannt *Der Sammler*, war es auch, dass die meisten Bauerngeschichten des *Agricola* ab 1895 vorab als Kurzgeschichten erschienen. Thoma hatte sie in seiner Dachauer Zeit, in der er Muße genug und auch den nötigen Zugang dazu hatte, die dortige Bauernschaft zu studieren und zu verstehen, geschrieben.[14]

---

[13] In: Blankonotizbuch zu ‚Agricola'. 2. – Zu dem Gedicht heißt es: „23. Nov. 1897. Am 15. Nov. erhielt ich aus der Buchdruckerei von Oldenbourg das erste Exemplar meines ‚Agricola'. [...]. An Assessor Frankl schickte ich es mit beifolgendem Gedichte: [...]." –Siehe DILLER I, 77, II, 720–722.

[14] Bernhard GAJEK, Textrevision u. Nachwort. In: Agricola. Bauerngeschichten. Mit Zeichnungen von Adolf Hölzel u. Bruno Paul. München, Zürich 1986 (= Serie Piper Bd. 487). 152 ff.

Abseits des Simplicissimus

Motiviert von so viel Zuspruch, Erfolg und den neuen Bekanntschaften war es nur mehr eine Frage der Zeit, bis sich Thoma auch beruflich der Schriftstellerei und insbesondere dem *Simplicissimus* anschloss. Er hatte schon länger mit dem Gedanken gespielt, seine Rechtsanwaltskanzlei wieder aufzugeben und sich hauptberuflich dem Schreiben zu widmen. Dazu bedurfte es aber gleichzeitig eines Brotberufs, den ihm glücklicherweise der *Simplicissimus* durch eine Anstellung gewähren konnte. So schlug Thoma zwei Fliegen mit einer Klappe: Er konnte für den *Simplicissimus* schreiben, bekam Geld dafür und konnte nebenher noch eigene Buchprojekte verwirklichen. Die Chance hatte sich aufgetan, als Verleger Albert Langen und Schriftsteller Frank Wedekind wegen einer der Majestätsbeleidigung bezichtigten Zeitschriften-Nummer ins Ausland hatten fliehen müssen. Daraufhin war die Personaldecke bei dem Satireblatt so dünn, dass Thoma ab 1900 in die Redaktion eingetreten war und diese alsbald leitete.[15] Ab dieser Zeit tritt Thomas privat verfasste Lyrik deutlich in den Hintergrund. Offensichtlich war er mit der *Simplicissimus*-Dichterei ausgelastet und von dieser literarischen Gattung genug erfüllt, so dass er sich im Privaten hierbei zurückhaltend verhielt; v. a. wenn man Thomas privates Dichten in zahlenmäßigen Bezug zu seinem beruflichen setzt. Eine Ausnahme bilden Verse mit Sujets, die Thoma privat sehr am Herzen lagen. Dazu gehörten Verse auf Jagd und Jäger und Schützen sowie auf Freunde, insbesondere Schriftstellerfreunde.

So schrieb Thoma am 22. August 1903 für Ludwig Ganghofer ein Gedicht, das ausnahmsweise einige Wochen später auch im *Simplicissimus* abgedruckt wurde. Während es im Original unter dem Titel *Jägerlied* firmiert, ist es in der Zeitschrift mit *Auf der Birsch* überschrieben und ohne den Zusatz „Widmung: Herrn Dr. Ludwig Ganghofer in herzlicher Verehrung und Dankbarkeit gewidmet zum 25. August 1903 von Ludwig Thoma" versehen. Was war der Grund für diesen

---

[15] Vgl. DILLER I, 21 ff. – Siehe auch AHRENS, 273 ff. u. HEINLE, 56 ff.

lyrischen Dank? Von 11. bis 28. August hatte sich Thoma auf Einladung Ganghofers in dessen Jagdrevier im Gaistal bei Ehrwald aufgehalten.[16] Begleitet wurde er hierbei von Ganghofers Jäger Peter Scheunach, einem nach Thomas Meinung „großartigen Kerl" mit „Augen wie ein Luchs" und „einem unglaublichen Spürtalent"[17]. Dessen ungeachtet waren die Jagderfolge nicht immer gegeben, wie der passionierte Hobbyjäger Thoma in dem Gedicht anhand eines verfehlten Hirsches lustig schildert. Thoma legt das im Oberlandler Dialekt gehaltene vierstrophige Gedicht in den Mund des Jägers, der mit seinem Jagdgast auf der Pirsch liegt, wobei der Jagdgast mit seiner Unbeholfenheit den Hirsch vertreibt, bevor es zum Schuss kommt. Thoma hätte sich sogar vorstellen können, dass das Gedicht vertont wird – eventuell von dem bekannten deutschen Komponisten Bernhard Stavenhagen[18], der offensichtlich ebenso wie Thoma im Hause Ganghofer, dem bekannten Schloss Hubertus, verkehrte.

Ein weiteres Jägergedicht – auch im oberbayerischen Dialekt und auch mit dem Thema der verfehlten Beute – fertigte Thoma für die Festzeitung für das 15. Deutsche Bundesschießen[19] an. Den Hirschen ersetzte er inhaltlich durch einen Hasen, das Sprachliche nimmt sich einfacher aus und der persönliche Hintergrund entfällt, das Ärgernis aber entpuppt sich für einen Schützen erfahrungsgemäß in beiden Fällen gleich. Insofern war Thoma prädestiniert für diese Art von Gedichten und Anlässe, da er als Jäger wusste, wovon er sprach und was alle Schützen vereinte und bewegte. Nach außen hin präsentierten sich die Bundesschießen dementsprechend als identitäts- und gemeinschaftsstiftend.

---

[16] Vgl. DILLER I, 357, II, 1061–1063. – Im Simplicissimus, Jg. 8 (1903/04), Nr. 28 (06.10.1903), 224. – Für den Zeitschriftenabdruck hat Thomas Künstlerfreund Ignatius Taschner zusätzlich eine farbige Zeichnung angefertigt.
[17] Ludwig Thoma an Reinhold Geheeb. Ehrwald, 21.08.1903. Zit. nach: Ausgewählte Briefe. Hg. v. Josef HOFMILLER u. Michael HOCHGESANG. München 1927, ²o. J. [ca. 1941]. 40 f.
[18] Ludwig Thoma an Thinka Ganghofer. Ehrwald, 22.08.1903. Briefe: Mon.[acensia] LG B 202.
[19] L. Thoma: Bauernjäger. In: Festzeitung für das 15. Deutsche Bundesschießen, Nr. 9 (14.07.1906), 98. – Siehe DILLER I, 357 f., II, 1063 f.

Zu der Großveranstaltung vom 15. bis 22. Juli 1906 kamen alle deutschen Schützenvereine nach München. Auch Thoma war mit von der Partie: „Das 15. Deutsche Bundesschießen machte ich wacker mit. Ich marschierte im Festzuge als Landesschütze und Mitglied der Tegernseer Gebirgsschützenkompagnie. Es ist mir eine hübsche Erinnerung."[20]

Ebenfalls für eine Festzeitung verfasst wurde das Gedicht *Schützenregeln* mit dem Untertitel *Der Traunsteiner Feuer-Schützengesellschaft gewidmet*. Für ihr 600-jähriges Jubiläums-Schießen 1910 hatte die kgl. priv. Feuerschützen-Gesellschaft Traunstein eine eigene Festzeitung herausgebracht, für die namhafte Autoren wie Ludwig Ganghofer, Karl Stieler, Ernst von Possart oder Konrad Dreher literarische Textbeiträge lieferten.[21] Ludwig Thoma hatte durch seine Traunsteiner Jahre einen persönlichen Bezug zu der Kleinstadt und den örtlichen Vereinen. Er durfte somit aus seiner Sicht sowie aus Sicht der Anfragenden in der Schar der prominenten Beiträger nicht fehlen. Thomas so zustande gekommenen Verse nehmen sich fast frivol aus, indem er dem potenziellen Schützen als guten Rat mit auf den Weg gibt, in welchen Lebensbereichen sich dieser in Askese üben müsste, damit keine „Schuß verwackeln": „[...] / Vor'n Schiaß'n wohl an Tag, / Nimmst di mit'n Sauf'n z'samm! / [...] // Zwoatens: Laß dein Wei nix g'spürn! / Bal's di aa 'r a wengei juckt, / Aba laß di net vaführn! / [...] // Drittens: Ja, was woaß i no? / In da Fruah trinkst koan Kaffee / Und daß 's Rauch'n schad'n ko, / [...]". Im Dialekt, hier dem Oberlandler Dialekt, hört sich das derber gleichwie lustiger, launiger an als ohne die Direktheit und Vertrautheit der Mundart. Nur kurze Zeit später wurden die fünf sechszeiligen Verse – ohne Widmung – auch in dem *Münchener Schützenalbum. Zur Erinnerung an die 100jährige Wiederkehr des Oktoberfestes*[22] abgedruckt.

---

[20] Ludwig Thoma an Conrad Haußmann. Ringsee, 24.07.[19]06. Briefe: Mon. LT B 259.

[21] Ludwig Thoma: *Schützenregeln. Der Traunsteiner Feuer-Schützengesellschaft gewidmet*. In: Festzeitung. Hrsg. zum 600-jährigen Jubiläums-Schießen der kgl. priv. Feuerschützen-Gesellschaft Traunstein, Nr. 2 (29.05.1910), 8. – Siehe DILLER I, 269 f., II, 932 f.

[22] Münchener Schützenalbum. Ernste und heitere Bilder aus dem Schützenleben. 1810–1910. Zur Erinnerung an die 100jährige Wiederkehr des Oktoberfestes.

Von Personen und Persönlichkeiten

Weitaus würdevoller und gediegener nehmen sich die Gedichte auf Personen aus, vor allem jene Personen, die Thoma außerhalb von Stammtischrunden entweder nahestanden oder seine vollste Sympathie genossen. So ein Mensch, dem der gebürtige Oberbayer von Kindesbeinen an vollste Bewunderung entgegenbrachte, war der ehemalige Reichskanzler Otto von Bismarck. Thoma war schon in jungen Jahren ein glühender Bismarck-Verehrer, der die Gründung und den Aufstieg des Deutschen Reiches eng mit den Verdiensten des auf Geheiß Wilhelms II. geschassten preußischen Politikers verknüpft sah. „In mein letztes Semester fiel die Erregung über die Entlassung Bismarcks, vielmehr der Mangel an Erregung darüber, und gerade der blieb nicht ohne Einfluß auf meine Entwicklung. Ich war nicht naseweis, und ich harrte auf die bedeutenden Worte der Älteren. Da sah ich mit Erstaunen, wie ein ganzes Volk den Verlust seines größten Staatsmannes und seines Kredits im Auslande wie eine Schicksalsfügung hinnahm, ich sah, wie man hausbackene Erklärungen dafür, daß ein junger Kaiser keinen alten Kanzler wollte, suchte und fand, wie man die Willkür eines Dilettanten zufrieden oder unzufrieden, aber jedenfalls ergeben trug."[23] Was lag da näher, als gegen den Trend für Bismarck zu dessen 81. Geburtstag am 1. April 1896 ein Gedicht zu machen.

An den Fürsten Bismarck
Zum 81. Geburtstage

Mädchen, schmückt das Haar mit Blumen,
Die der Frühling uns beschied!
Gebt die Hände Euch zum Reigen
Und beginnt das frohe Lied!

Knaben mit den hellen Stimmen,
Hebt nun alle an zumal!

---
[23] Erinnerungen, 94.

Legt mir Eure jungen Herzen
In den freudigen Choral!

Singt mir von dem teuren Helden,
Der uns gab das Vaterland,
Der für Eurer Väter Sehnen
Endlich die Erfüllung fand!

Wenn die Töne leis verklingen,
Fallet ein im vollen Chor!
Deutsche Männer! Brausend dringe
Euer Sang zu Gott empor!

Heil des deutschen Volks Berater,
Heil des Vaterlandes Vater,
Mög' dich Gott noch lang erhalten!

Deutscher Heimat lang zu Nutze,
Deutscher Heimat lang zum Schutze,
Möge Gott das gnädig walten!

Das Gedicht ist handschriftlich erhalten; eine Abschrift bzw. Reinschrift des Gedichts ist mit einem Begleitschreiben an Bismarck verschickt worden. Eine zweite Abschrift sandte Thoma am 2. Mai innerhalb eines Briefes stolz an Jakob Frankl.[24] Noch zuvor, am 22. April, erhielt Thoma von Bismarck ein Handschreiben, in dem der Jubilar sich für den „freundlichen Glückwunsch und die ihn begleitende Gabe zu meinem Geburtstage" bedankte.[25] Die *Augsburger Abendzeitung* mit ihrem sporadischen Beiträger Thoma erwähnte diese zugewandte Reaktion Bismarcks in einem Artikel hocherfreut. Die Leitung der Zeitung war in der Folgezeit sogar darum bemüht, ihrem freiberuflichen Mitarbeiter im Rahmen eines in ihrem Auftrag erfolgenden 14-tägigen Berlin-Aufenthaltes eine Audienz bei Otto

---

[24] Vgl. DILLER I, 236, II, 890–892.
[25] Otto von Bismarck an Ludwig Thoma. 22.04.1896. Zit. nach: Augsburger Abendzeitung, Nr. 115 (23.04.1896), 7.

von Bismarck zu verschaffen, wie der damals noch junge Schriftsteller in einem Nachtrag in dem Brief an Frankl erzählt: „Ich habe Ihnen manches Interessante zu berichten, […]. Im Juni wird sich der Unterzeichnete Namens der Augs.[burger] Ab[en]dz[ei]t.[ung] nach Berlin auf 14 Tage begeben. Zudem ist der Redakteur der A.[ugsburger] A.[bendzeitung] zur Zeit bemüht mir Audienz beim Fürsten Bismarck zu verschaffen. Lowigl [d. i. der damalige unter Freunden gebrauchte Spitzname Ludwig Thomas] als Interviewer beim Alten Herrn! dh. Ich gehe nicht als Schnorralist hin, sondern als ein Kerl, der diesen Tag nie vergessen wird & ihn für ein Vermögen nicht hergeben würde. Hoffentlich erlange ich die Audienz. – – "[26] Zu Audienz und Berlin-Reise scheint es allerdings nicht gekommen zu sein. Dafür kam es zu einer anderen Begebenheit: Sein Erstlingswerk *Agricola* schickte er am 20. November 1897 neben Frankl und verschiedenen Zeitungen, die Rezensionen darüber schreiben sollten, auch dem Fürsten Bismarck.[27] Auch das nimmt nicht wunder, verglich er den ehemaligen Reichskanzler doch sogar mit einem „Onkel Oberförster". Ein größeres Kompliment konnte Thoma im Grunde gar nicht machen, war doch sein geschätzter, viel zu früh verstorbener Vater Max Oberförster gewesen: „Und wenn ich Bismarck darstellen müßte, dann käme viel Persönliches hinein. Dieser Onkel Oberförster, der die lange Pfeife rauchte und behaglich lachte, wenn das offizielle Berlin nicht bei ihm zu Gast war – der Freund Lenbachs, der Liebling von Wilhelm Busch und so vieler anderer Feinen, der gerne einen Guten trank, Beethoven liebte und Sonntag früh hemdärmlich durch die Getreidefelder schritt, er war ein Kerl mit Erdgeruch, starkem heimatlichem Erdgeruch. Und daß er ein rechter Jäger war, sei ihm hoch angerechnet."[28]

---

[26] Ludwig Thoma an Jakob Frankl. Dachau, 02.–09.05.1896. Briefe: Mon. LT B 214 Kopie.
[27] In: Blankonotizbuch zu ‚Agricola'. 2.
[28] Ludwig Thoma an Conrad Haußmann. 28.02.1905. Zit. nach: Ludwig THOMA, Ein Leben in Briefen (1875–1921). Hg. v. Anton KELLER. München 1963. 169–172. [im Folgenden: LB].

Auf Schriftstellerkollegen und -freunde

Weitaus persönlicher, weil persönlich bekannt, fiel die Widmungs- und Jubiläumslyrik für Schriftstellerkollegen aus, mit denen Thoma befreundet war. Einer davon war der Münchner Verleger und Schriftsteller Georg Hirth. Zu dessen 70. Geburtstag am 13. Juli 1911 verfasste Berufskollege und Freund Thoma folgendes Gedicht:

Oben

Nun magst Du rasten. Blick hinunter:
Noch plagt sich dieses Menschentum,
Das strampelt wild und zappelt munter,
Und dreht sich blind im Kreis herum.

Du kannst ihr Mühen lächelnd sehen.
Wie sich das drängt und treibt und stößt!
Und selten einmal mag's geschehen,
Daß einer sich vom Haufen löst.

Dann steht er neben Dir und oben,
Und schaut zurück auf deine Bahn.
Hier aufgehalten, dort geschoben
Und doch an's Ziel und doch bergan!

Tegernsee, 1. Juli 1911

Ludwig Thoma

Entstanden ist das Gedicht am 1. Juli am Tegernsee, wo Thoma seit 1908 in seinem neu erbauten Haus auf der Tuften in Rottach wohnte und wo auch Hirth ein Haus besaß. Für den runden Geburtstag hatten Weggefährten und Mitarbeiter Hirths mit dem sogenannten Georg-Hirth-Schrein eine Art Festschrift initiiert, zu der neben Thoma intellektuelle Größen wie Paul Heyse, Gerhart Hauptmann, Ludwig Ganghofer, Max Halbe und Maximilian Harden beitrugen. Später wurden die Festgaben nach und nach auch in Hirths Zeitschrift *Jugend* abgedruckt. Zusätzlich hatte Thoma für seinen Freund ein großes

Festschießen am Tegernsee zwei Tage vor dessen Geburtstag organisiert.[29] Als junger, aufstrebender Schriftsteller hatte Thoma immer zu Hirth und dessen Lebensleistung, zu der auch die Beteiligung an den *Münchner Neuesten Nachrichten* gehörte, aufgeschaut. Später dann wurde er sein Freund, über den er wertschätzend prosaisch schrieb, was mit dem Lyrischen inhaltlich korrespondiert: „In dem temperamentvollen, sich immer mit seiner ganzen Persönlichkeit einsetzenden Georg Hirth war ein gutes Stück deutscher Vergangenheit und Münchner Entwicklung verkörpert. [...]. Als ich ihn damals an seinem geliebten Tegernsee kennenlernte, war er nicht mehr der kampflustige Streiter von ehedem, wenngleich sein Gemüt immer noch gegen Dummheit und Unterdrückung aufflammen konnte, aber er war abgeklärt, voll verstehender Güte und gerecht gegen Widersacher und gegnerische Meinungen. [...]. Er verstand es prachtvoll, von seinen Erlebnissen zu erzählen, von bedeutenden Menschen, mit denen ihn das Leben zusammengeführt hatte, von Kämpfen, die überwunden waren, von politischen und kulturellen Streitfragen."[30]

Noch ein wenig näher stand Thoma freundschaftlich Ludwig Ganghofer, der im Laufe der Jahre ein enger Vertrauter geworden war, wie Thoma in seinen *Erinnerungen* beschreibt: „Unsere Väter haben sich gekannt und geschätzt; der seine war Aktuar meines Großvaters. [...]. Ich selber bin ihm erst 1902 begegnet, aber wir schlossen rasche und dauernde Freundschaft, die in achtzehn Jahren nie getrübt war. Die zwölf Jahre Altersunterschied machten ihn zum Vertreter einer anderen Zeit mit anderen künstlerischen Zielen. Aber seine strengen Kritiker haben stets das übersehen, was ich an ihm schätzte und bewunderte. Eine unversiegliche Freude am Fabulieren, eine überquellende Phantasie und – wenn nicht Strenge, dann ganz gewiß lauterste Ehrlichkeit."[31] Am 24. Juli 1920, nur wenige Tage nach seinem 65. Geburtstag, starb Ganghofer überraschend – vermutlich an einer Embo-

---

[29] Vgl. DILLER I, 81, II, 737 f.
[30] Erinnerungen, 151 f.
[31] Ludwig Thoma an Josef Hofmiller. Rottach, 31.07.1920. Zit. nach: LB, 432 f.

lie – in seinem neu erbauten Haus, der Villa Maria, am Tegernsee.[32] Für die Beerdigung am 28. Juli auf dem Friedhof in Egern schrieb Thoma einen Nachruf in Versen:

> Heut' geschieht uns Weh',
> Von Bertlsgaden bis an Bodensee.
> Gibt jede Glocken an traurigen Klang
> In jedes Herz bei dem schwarzen Gang,
> 's Volk schickt dem auf der Totenbahr',
> Der sein treuer Sohn und Dichter war,
> Den letzten Gruß von seine Berg'.[33]

Vorgetragen wurde Thomas letzter Gruß von einem Bauernmädchen, das zusätzlich symbolisch für die Heimatliebe des Verstorbenen Edelweiß und Alpenrosen in das Grab hineinlegte.[34] Dem entspricht der sprachlich-lyrische handwerkliche Griff, dass der letzte Vers des Mundartgedichts bewusst aus dem ansonsten typischen Reimschema und Metrum heraus- und damit hervorgehoben und somit Ganghofers Liebe zu den Bergen betont wird.

Knapp einen Monat später, am 18. August 1920, fand eine Gedächtnisfeier für den Verstorbenen in Egern statt. Dafür schuf der trauernde Freund erneut ein Gedicht. Es war als Prolog zur Feier gedacht und – wie auch das Gedicht bei der Trauerfeier – zum Vortrag bestimmt. Sprecher war der Volksschauspieler Fritz Greiner. Beim Anfertigen des Gedichts hatte Thoma offensichtlich nicht viel Zeit, so dass er rasch dichten musste, wie er in einem Brief an seine Altersgeliebte Maidi von Liebermann schreibt. Zugleich wollte er sich anscheinend besonders viel Mühe geben bzw. seinem verstorbenen Freund

---

[32] Vincenz CHIAVACCI, Ludwig Ganghofer. Ein Bild seines Lebens und Schaffens. 2. Aufl. Stuttgart 1920. – Vgl. auch Emil Karl BRAITO, Ludwig Ganghofer und seine Zeit. Innsbruck 2005. 594 f.
[33] Überliefert durch Beverly Jeanne INMAN, Ludwig Ganghofers historische Romane. Diss. Iowa 1984. 32. – Siehe DILLER I, 82, II, 739–741.
[34] Vgl. Ludwig Thoma an Maidi von Liebermann. Rottach, 28.07.[19]20. Zit. nach: LB, 430 f.

gerecht werden, denn es existieren mehrere Arbeitshandschriften, was auf einen schwierigen Entstehungsprozess hindeutet.[35] Thoma war es wichtig, zu betonen, dass Ganghofers Werke dessen Tod überdauern und Trost und heimatliche Geborgenheit auch in dunklen Stunden spenden. Ganghofers Werke lebten wie der Autor selbst förmlich von der Heimat, vom und im Volk und von und mit der Natur. Mit altbayerischen Wurzeln ausgestattet, blieb der gebürtige Kaufbeurer zeitlebens bodenständig und echt in seiner literarischen Kunst. Besonders wohl fühlte er sich in seinem am Wetterstein gelegenen Jagdhaus Hubertus, das er auch literarisch verarbeitete.[36] Die das feudale Domizil umgebenden Bergriesen und Tannenwälder finden motivisch schließlich Eingang in Thomas Prolog – wie auch Ganghofers von Erfolg und Glück geprägtes Leben. So weiß der Prolog-Dichter versöhnlich über den frühen und plötzlichen Tod des schon zu Lebzeiten äußerst populären Volks- und Heimatschriftstellers u. a. zu reimen: „Sein ganzes Leben war ein Sonnenschein. / Den sperrt kein Tod in einen engen Schrein, / Der wird noch vielem, was sich drängt zum Leben, / Sein warmes Licht zu starkem Wachstum geben."

Thomas im Privaten, Vertraulichen geäußerten Worte über Ganghofers Ableben hören sich dagegen weit weniger optimistisch an: „Das Ende meines lieben Ludwig nimmt mir viel von letzter Freude an dieser stillen, lieben Zurückgezogenheit […]. Vorjammern will ich […] nicht; einmal erzähl ich […] schon vom lieben Ludwig, von allem Traurigen dieser Tage."[37] Und an anderer Stelle schreibt er: „Ich bin um 2 Jahre älter geworden, ernster, müder. Und solche Eingriffe ins

---

[35] Vgl. DILLER I, 82 f., II, 742–744. – Siehe auch Brief von Ludwig Thoma an Maidi von Liebermann. Rottach, 16.08.[19]20. Briefe: Mon. LT B 260.
[36] Vgl. Gero von WILPERT, Lexikon der Weltliteratur. Biographisch-bibliographisches Handwörterbuch nach Autoren und anonymen Werken. Deutsche Autoren A–Z. 4., völlig neubearbeitete Aufl. Stuttgart 2004. 187. – Vgl. Karl BOSL (Hg.), Bosls bayerische Biographie. 8000 Persönlichkeiten aus 15 Jahrhunderten. Regensburg 1983. 239. – Vgl. Wilhelm Lukas KRISTL, Der Erfinder des Ganghoferns. Vor 50 Jahren starb Ludwig Ganghofer in seinem Landhaus am Tegernsee. In: Unser Bayern 19 (1970), Nr. 7, 49 ff.
[37] Ludwig Thoma an Maidi von Liebermann. 27.07.[19]20. Zit. nach: LB, 429.

Leben, wie Ludwigs Tod für mich war, graben sich ein. Man kriegt ein anderes Augenmaß für das, was wichtig ist."[38] Nicht nur hatte Thoma einen engen Freund verloren, er fühlte sich auch um ein Stück Heimat gebracht: „Er hat Ruhe und schläft – wir andern? Ich muß mich mit dem brennenden Heimweh abfinden, das ich nach seiner Liebe jetzt erst recht stark empfinde. Was war das schön, rasch zu ihm hinüber, froh werden, Heimat fühlen."[39]

Diese deprimierte Stimmung und das Gefühl, der Heimat beraubt zu werden, hatte Thoma schon seit Längerem. Mit Beginn des Ersten Weltkrieges und v. a. danach sah er die alte territoriale und Werteordnung massiv bedroht. Besonders der wirtschaftliche Niedergang und die Inflation sowie die aufstrebende Sozialdemokratie in der Weimarer Republik hatten ihn zu einem erbitterten Gegner der Polithauptstadt Berlin werden lassen. Die Folge war sein Rückzug ins Private und Polterhaft-Bajuwarische von der verherrlichten Heimatscholle aus.

Vom Krieg geprägt

Parallel dazu verlief sein Ausstieg aus dem *Simplicissimus*. Die Kriegserklärung Deutschlands im August 1914 stellte die Zeitschrift vor große Herausforderungen bzw. vor die Frage der künftigen Ausrichtung. Wie sollte sie, die das Vaterland immer kritisch beäugt hatte, mit der neuen Situation umgehen? Unter dem Eindruck der Ereignisse beschlossen die *Simplicissimus*-Mitarbeiter und -Verantwortlichen, dem Reich, d. h. Politik und Gesellschaft, uneingeschränkte Rückendeckung zu geben. Diese Veränderung war letztlich eine ganz logische, zeittypische Erscheinung: Bedroht und bekämpft von den feindlichen Kriegsmächten rückten von nun an Gruppen näher zusammen, die

---

[38] Ludwig Thoma an Maidi von Liebermann. Rottach, 05.09.[19]20. Zit. nach: LB, 434.
[39] Ludwig Thoma an Maidi von Liebermann. Rottach, 28.07.[19]20. Zit. nach: LB, 430 f.

sich in friedlichen Zeiten in reiner Gegnerschaft begegnet waren. Auch, oder vielmehr allen voran, zeigte ihr langjähriger Redakteur sich von einer völlig anderen Seite; ‚Peter Schlemihl' war Geschichte. Fortan schrieb Thoma unter den neuen Begebenheiten patriotische Kriegsgedichte, die dem Volk Gemeinschaftssinn und den Soldaten Durchhaltewillen signalisieren sollten. Seine Solidarisierung mit dem Deutschen Reich ging sogar soweit, dass er sich zu Kriegsbeginn freiwillig zum Sanitätsdienst an die Front meldete. Da er nie beim Militär gedient hatte, war ihm ein Frontdienst als Soldat verwehrt gewesen. Aber mitten im Geschehen wollte er unbedingt sein, nunmehr inmitten der Gesellschaft stehen und ihr Sprachrohr sein.[40]

Diese patriotische Einstellung legte Thoma im Gegensatz zu vielen anderen Intellektuellen und *Simplicissimus*-Mitarbeitern auch nach dem Krieg nicht mehr ab. Teilweise wurde er sogar noch konservativer. Damit geriet er allerdings auf Konfrontationskurs zu den Kollegen, die sich nach Kriegsende bald wieder auf ihre eigentliche Mission besannen. Mit Beginn seiner Sanitätsdienste hatte Thoma sowieso die Redaktion verlassen und sie den langjährigen Mitarbeitern wie Reinhold Geheeb, Thomas Theodor Heine und mehr und mehr auch einem Karl Arnold, Peter Scher und Hans Erich Blaich überlassen. Dennoch lieferte Thoma noch sporadisch Beiträge und wusste auch ob seiner altgedienten, verdienstreichen Blattgestaltung auf den Abdruck seiner non-konformen Texte zu bestehen.[41]

---

[40] Vgl. Richard LEMP, Ludwig Thoma. Bilder, Dokumente, Materialien zu Leben und Werk. München 1984. 27. [im Folgenden: LEMP] – Vgl. HEINLE, 120 ff. u. AHRENS, 466 ff. – Vgl. Richard CHRIST (Hg.), Simplicissimus. 1896–1914. Berlin 1972. 11 f. [im Folgenden: CHRIST] – Vgl. Simplicissimus. Eine satirische Zeitschrift. München 1896–1944. Katalog zur Ausstellung im Haus der Kunst in München vom 19. November 1977 bis 15. Januar 1978. Wissenschaftliche Bearbeitung der Ausstellung: Carla SCHULZ-HOFFMANN. München 1977, 47 f. u. 98 ff. [im Folgenden: SCHULZ-HOFFMANN] – Zu Ludwig Thomas Anteil am *Simplicissimus* während des Ersten Weltkriegs vgl. auch seine Briefe an Conrad Haußmann in LB, 306–310. Darunter befindet sich auch der bekannte Ausspruch Thomas: „Das unbekümmerte Maulaufreißen aus Schlemihlszeiten kommt mir heute recht klein und jämmerlich vor. […]. Ich war Bierbankpolitiker mit Tinte." (Rottach, 04.02.1917. Zit. nach: LB, 302.)

[41] Vgl. AHRENS, 472 f., SCHULZ-HOFFMANN, 47 f. u. 103 u. CHRIST, 12 f.

Noch in die Zeit des Weltkriegs fallen zwei außerhalb des *Simplicissimus* verfasste Widmungsgedichte, die im Zusammenhang von der deutschen militärischen Auseinandersetzung und aus dem Dunstkreis der erwachten vaterländischen Begeisterung herrührten. Das erste davon war ein Geschenk für „Seine Exzellenz" und lautete:

> Wir wünschen Eurer Exzellenz
> Gehorsamst und mit Reverenz
> Zum Orden Glück. Den Tag zu feiern
> Dient dieser Heimattrunk.
>
> Die Bayern.

Mit „Die Bayern" ist der „II. Bayerische Kraftwagen-Transport-Zug des Roten Kreuzes beim 41. Reserve-Armeekorps" gemeint, der von dem preußischen Korps als Spitzname verkürzt so genannt wurde. Und mit „Eurer Exzellenz" ist der preußische General Hermann von François gemeint, dem das 41. Reserve-Armeekorps unterstand. In jenem Transport-Zug diente Thoma seit 1. April 1915 – zunächst an der Westfront und mit der Truppen-Verlegung ab 26. April an der Ostfront. Dort, im deutschen Feldlager bei Chlopize, entstand am 22. Mai laut einem Tagebucheintrag der Fünfzeiler. Und zwar in Zusammenarbeit mit einem Mann namens Spiegel, der vermutlich ein Sanitätskollege war und zu dem Gedicht eine nicht überlieferte Zeichnung schuf. Anlass für das Anfertigen der lyrischen Sentenz war, dass François den Verdienstorden ‚Pour le mérite' erhalten hatte. François galt nicht nur als sehr erfolgreich in militärtaktischen Dingen, sondern auch als sehr beliebt bei den Mannschaften.[42] Auch Thoma schätzte den General, gleichwohl oder vielleicht gerade weil er als Prominenter natürlich eine Sonderstellung genoss: „Die preußischen Offiziere sind prononciert nett zu uns, die sie ‚ihre Bayern' heißen,

---

[42] Vgl. Tagebuch (04.04.–18.06.1915). Tb: L 2467/82. – Vgl. AHRENS, 472 ff., HEINLE, 122 u. Martha SCHAD, Ludwig Thoma und die Frauen. Regensburg 1995. 64. [im Folgenden: SCHAD]

und mich persönlich behandeln sie mit fröhlichem Wohlwollen. Vorgestern war ich Gast beim Generalstab. Ein eigenartiger und sehr anregender Abend […]."[43] Von diesem Kontakt und diesem „Wohlwollen" geschmeichelt, revanchierte er sich im Namen des gesamten Transport-Zugs bekanntermaßen lyrisch.

Am 16. Juni war für Thoma der Einsatz beendet, weil er aufgrund der katastrophalen hygienischen Zustände auf den Kriegsschauplätzen an Ruhr erkrankt war. Ein zweiter Versuch, im August noch einmal im Dienst zu bleiben, scheiterte ebenfalls bald wieder an der noch angeschlagenen gesundheitlichen Verfassung.[44] So kehrte Thoma nach Hause zurück und blieb auf der Tuften, erholte sich und wirkte von dort aus zumindest literarisch, insbesondere lyrisch mit: Auf Anfrage des IV. Übungskurses für Fahnenjunker und Offiziersaspiranten der 4. Kompagnie des Königlich Bayerischen Infanterie-Regiments Nr. 3 trug er zu deren Gedenkschrift bei. Thematisch bezog sich das sechszeilige Gedicht auf die Ernte 1916, in deren Zusammenhang der Beitrag entstanden sein dürfte – vermutlich unmittelbar auf eine Episode hin, die sein Erschaffer am 22. Juli erlebte und vier Tage später in einem Brief an Freund Conrad Haußmann erwähnt: „Am Samstagabend nach zehn Uhr, beim Heimweg von der Jagd, sah ich auf einem Kornfeld eine Bäuerin mit ihrer alten Mutter Korn mähen. Der Mann steht im Osten, soll Urlaub erhalten, und seine Bäuerin meinte, bei der Heimkehr müsse er sehen, daß was geschafft sei."[45] Das Gedicht dazu – mit Zeichnung von Buchillustrator Otto Schön – liest sich folgendermaßen:

---

[43] Ludwig Thoma an Conrad Haußmann. 08.04.1915. Zit. nach: LB, 276.
[44] Vgl. Tagebuch (04.04.–18.06.1915). Tb: L 2467/82. u. Tagebuch (06.08.–06.09.1915). Tb: L 2310. – Sowie LEMP, 27, AHRENS, 472 ff., HEINLE, 122 u. SCHAD, 64.
[45] Ludwig Thoma an Conrad Haußmann. Rottach, 26.07.1916. Zit. nach: LB, 295.

Ernte 1916

Das ist ein Bild aus uns'rer Welt.
Seht eine Frau im reifen Feld,
Die rüstig ihre Sense schwingt.
So kämpft auch sie in Juliglut
Für uns mit einem festen Mut,
Der uns'rer Heimat Segen bringt.

Der 4. Kompagnie gewidmet.
Ludwig Thoma[46]

Tatsächlich wurden während des Kriegs Frauen und Kinder in den Sommermonaten zu Erntearbeiten verpflichtet, um die im Krieg befindlichen Männer zu ersetzen.[47] Thoma sieht darin v. a. das Zusammenstehen der Menschen in den Kriegszeiten, wofür ihm das Arbeitsethos der Bauern ein gutes Beispiel war.

---

[46] IV. Übungskurs f. Fahnenjunker und Offiziersaspiranten. 4. Kompagnie [Kgl. Bayerisches Infanterie-Rgt. Nr. 3]. Zum Gedenken. Stimmen der Zeit. Zeichnungen von Otto SCHÖN. München o. J. [ca. 1916]. 17.
[47] Bodo HARENBERG (Hg.), Die Chronik-Bibliothek des 20. Jahrhunderts. 1916. Dortmund 1985. 125.

Liebeslyrik

Nach dem Krieg verstärkte es sich, dass Thoma fast ausschließlich nur noch für sich selbst schrieb bzw. das, was ihm zusagte, und er sich vom *Simplicissimus* noch mehr löste. Seine neue journalistische wie politische Heimat fand er im *Miesbacher Anzeiger*, wo er ab 1920 zahlreiche unrühmliche, antisemitische Artikel veröffentlichte. Privat sollte sich für Ludwig Thoma im Jahr 1918 ebenfalls etwas ändern: Kurz vor Kriegsende sah er Maidi von Liebermann bei einem Konzert in Egern im August wieder und verliebte sich unsterblich in sie. Eine frühere Begegnung mit ihr stilisierte er fortan zu einem schicksalhaften Momentum, das seine Schatten vorausgeworfen habe. Doch die Begegnung damals war flüchtig geblieben, weil Thoma sich angeblich nicht getraut hatte, die Frau aus bestem Hause, der Sektfabrikanten-Familie Feist-Belmont, anzusprechen. So kam Thoma stattdessen ein Jahr später, im Jahr 1905, mit seiner späteren Frau Marion zusammen, die allerdings wegen ihrer Lebenslustigkeit das Ehe-Aus 1911 herbeiführte.[48] Die Liaison mit Marion betrachtet er rückblickend als Dummheit und das einstige Unterlassen des Werbens um Maidi als „versäumtes Glück"[49] und verpfuschtes Leben.[50]

In diese kritisch-negierende Haltung hinein spielt auch, dass ihn das für Deutschland desaströse Kriegsende, von dem er sich persönlich weidwund getroffen fühlte, für Sentimentalitäten anfällig machte. Der verlorene Krieg und die damit verbundene Auflösung des Kaiserreichs ließen seine Sehnsucht nach einem trauten Heim und einer erfüllten, erfüllenden Liebe ins Unermessliche steigern. Dem diametral entgegen stand – und das ließ die Sehnsucht noch mehr wachsen –, dass Maidi nicht frei war. Sie war verheiratet mit Willy Liebermann von

---

[48] Siehe LEMP, 22 ff. u. 29.
[49] Vgl. Ludwig Thoma an Conrad Haußmann. Rottach, 01.01.[19]19. Zit. nach: LB, 345–347.
[50] Vgl. Ludwig Thoma an Maidi von Liebermann. Rottach, 18.08.1918. Zit. nach: LB, 333. – Vgl. auch Ludwig Thoma an Ludwig Ganghofer. Rottach, 29.08.1918. Zit. nach: LB, 339.

Wahlendorf, mit dem sie einen minderjährigen Sohn hatte. Obwohl Maidi an Thoma mehr Gefallen fand als an ihrem Ehemann, standen ihre Verpflichtungen gegenüber ihrer Familie in Stuttgart dem Glück der beiden Verliebten immer im Weg bzw. hinderten sie daran, eine gemeinsame Zukunft aufzubauen.[51] Das schmerzte Thoma so sehr wie der Niedergang des Reiches: hier keine Zukunft, dort keine Zukunft. Das scheint par excellence in den Liebesgedichten durch, die er seiner Angebeteten schreibt und in denen er auch immer wieder die einstige vergebene Chance thematisiert:

Rottach, 3. Jan. 1919

Meinem liebsten Mädel

Mein Herz mußt' in die Irre geh'n,
Es mußt' ihm alles Leid gescheh'n,
Nun nimm's in beide Hände!

Und halt es fest und schließ es ein!
Dann soll's noch einmal glücklich sein
Und fröhlich ohne Ende.

Dein Ludwig

Rottach, 3. Jan. 1919

Meinem liebsten Mädel

Das Glück, das klopfte bei mir an,
Stand vor der Tür und wollt' herein;
Ich hab ihm doch nicht aufgetan,
Da mocht's nicht länger draußen sein.

---

[51] Vgl. Bernhard GAJEK, Textrevision und Nachwort. In: Der Ruepp. Roman. München, Zürich 1987 (= Serie Piper Bd. 543). 229 f. [im Folgenden: Ruepp] – Siehe auch Ludwig Thoma an Maidi von Liebermann. Rottach, 10.02.[19]19. Zit. nach: LB, 366.

Es ging so leise, wie es kam.
Ich hört' es nicht, ich sah es nicht,
Doch fühlt' ich, wie es Abschied nahm.
In meiner Brust verlosch ein Licht.

Dein Ludwig

Beide Gedichte hatte Thoma einem Brief an Maidi am 3. Januar 1919 beigelegt, mit den Worten: „Ich lege Dir was bei. Ein paar Verse; ich machte sie heute auf dem Weg zum [Berg] Riedererstein im verschneiten Wald."[52]

Ein weiteres Gedicht befindet sich innerhalb eines Briefes zum Jahreswechsel 1919/20[53]. Die drei Verse vom 31. Dezember 1919 lauten:

Der letzte Tag im Jahr,
Das Maidie, Maidie, Maidie
Und nichts als Maidie war.

Die Verse und auch der Brief verweisen darauf, dass Thomas Gedanken sich das ganze Jahr über um Maidi drehten. Dennoch sind Gedicht und Brief weniger traurig und rührselig als andere, vielleicht auch deswegen, weil er von Maidi weiß: „Aber ich darf ja nicht dichten, sonst sagt das Spätzle [...], daß ich sinnlich abhängig bin."[54]

So gibt es knapp ein Jahr später, am 11. September 1920, nur noch ein Widmungsgedicht zum *Jagerloisl* für Maidi. In einen Halbpergamentband mit handschriftlich beschriebenen Blättern und eingeklebten Originalzeichnungen hatte er das Gedicht eingefügt und das gesamte Werk ihr geschenkt. Überhaupt wollte er ihr alle seine Werke „zu Füßen legen", wie aus einem der ersten Liebesbriefe hervorgeht: „Ich kämpfe um Dich, jeder Wunsch, jeder Gedanke ist nur auf das eine gerichtet: Du mußt die meine werden, die liebe, stolze Frau, der

---

[52] Ludwig Thoma an Maidi von Liebermann. Rottach, 03.01.[19]19. Briefe: Mon. LT B 260. – Siehe auch DILLER I, 79, II, 727–732.
[53] Ludwig Thoma an Maidi von Liebermann. Rottach, 31.12.1919. Briefe: Mon. LT B 260. – Siehe auch DILLER I, 80, II, 732 f.
[54] DILLER II, 732 f.

ich die Arbeit meines Lebens zu Füßen legen darf, die Herrin hier und mein einziger Kamerad. Gelingt es mir, Dich zu erringen, dann ist der Weg noch weit, und schön und sonnig, und ich will Dir mehr wie einen Ehrenkranz heimbringen, der Dich schmücken soll, bloß Dich, immer Dich, Du Liebe."[55] Daher war Maidi auch mehr als andere Vertraute in seine Arbeit an der Tegernseer *Jagerloisl*-Geschichte involviert. Maidi war es, die er immer wieder über den Fortgang der Erzählung informiert und auch um einen Tipp bei der Titelfindung gebeten hatte.[56] Was lag da näher, als ihr mit einem eigens angefertigten Manuskript die Erzählung zu widmen. In dem Widmungsgedicht dazu beschreibt er sogar den Arbeits- und Entstehungsprozess des Werkes: Während die Jahreszeiten am Fenster vorbeiziehen, heißt es für ihn: „So viele Stunden gehen – und in allen / Sitz ich am Tisch und schreibe und erzähle / Und immer steht Dein Bild vor meiner Seele."[57]

Patriotische Heimatgedichte

In diese Zeit der Sehnsucht nach der fernen Frau und des Weltschmerzes fallen auch seine Festgedichte für Veranstaltungen mit starkem Lokalkolorit. Ein solches Gedicht – mit dem kurzen Titel *Festgedicht* – entstand im Oktober 1920. Der Tegernseer Thoma sollte für die dortige Weihe der ersten bayerischen Landesschützenfahne der Einwohnerwehren Bayerns ein Gedicht machen. Der bayerische Ministerpräsident Gustav von Kahr hatte den Wahl-Tegernseer persönlich darum gebeten, nachdem der Isarwinkel-Mangfall-Gau die Fahne beim Landespreisschießen der bayerischen Schützen gewonnen hatte:[58]

---

[55] Ludwig Thoma an Maidi von Liebermann. Rottach, 15.08.1918. Zit. nach: LB, 330 f.
[56] Vgl. Bernhard GAJEK, Nachwort. In: Der Jagerloisl. Eine Tegernseer Geschichte. Mit 15 Zeichnungen von Eduard Thöny u. 40 Zeichnungen von Julius Widnmann. München, Zürich 1989 (= Serie Piper Bd. 925). 147–220.
[57] Vgl. DILLER I, 80, II, 734 f.
[58] Vgl. DILLER I, 680 f., II, 1639–1643.

„Gestern erhielt ich einen Brief vom Präsidenten v. Kahr wegen des Festes am 14. Novbr. Ich möchte doch einen Prolog oder so was dichten. Das Fest soll großartig werden; aus M'chen allein wollen Tausende von der Einwohnerwehr kommen."[59] Der Gedichtauftrag war für Thoma sowohl eine große Ehre als auch inhaltlich kein Problem, galt er doch, als Anhänger der konservativ-reaktionären bayerischen Politik, als glühender Verteidiger der Einwohnerwehren. So leicht ging ihm das in diesem Tenor verfasste Gedicht dennoch nicht von der Hand, zumal Ministerpräsident von Kahr die Verse im Dialekt gedichtet haben wollte. Letztlich entschied sich Thoma dagegen, denn: „Pathetisch klingt es schauderhaft im Dialekt, und zu treuherzig ist es erst recht nichts. Hoffentlich werde ich heute fertig, denn ich möchte morgen auf den Berg."[60] Thoma war überdies im Festausschuss[61] und sorgte für eine angemessene Berichterstattung über die Veranstaltung. „Betont soll der erste, würdige Charakter dieses vaterländischen Festes werden", schrieb er an Hans Mayr von der Redaktion der *Münchner Zeitung*.[62] Zusätzlich gab es von der *Tegernseer Zeitung* eine eigene Festnummer zur Fahnenweihe. Darin ist das Gedicht im Bericht über das Fest ebenso abgedruckt wie im *Miesbacher Anzeiger*.[63] Bei der Feier selbst wurde es mündlich vorgetragen von einem betagten, alteingesessenen Tegernseer Lehrer.[64] Während es allen Beteiligten offensichtlich gefiel und aus der Seele redete, hatte das im Stil einer Hymne verfasste Gedicht auch scharfe Kritiker. Jenen war das Gedicht zu patriotisch, zu sehr im Sinne eines bürgerlich-rechten

---

[59] Ludwig Thoma an Maidi von Liebermann. Rottach, 16.10.[19]20. Briefe: Mon. LT B 260.
[60] Ludwig Thoma an Maidi von Liebermann. Rottach, 25.10.[19]20. Briefe: Mon. LT B 260.
[61] Vgl. Ludwig Thoma an Maidi von Liebermann. Rottach, 24.10.[19]20. Zit. nach: LB, 437.
[62] Siehe Ludwig Thoma an Hans Mayr. Rottach, 26.10.1920. Briefe: Mon. A I/35.
[63] Vgl. Tegernseer Zeitung. See-Geist, Jg. 55, Festnummer zur Weihe der Ersten Bayerischen Landesschützenfahne der Einwohnerwehren Bayern (13./14.11.1920), 1. – Vgl. Miesbacher Anzeiger, Nr. 267 (16.11.1920), 2. – Siehe auch Diller II, 1639.
[64] Vgl Tegernseer Zeitung. See-Geist, Jg. 55, Nr. 132–134 (12.11.1920–17.11.1920). – Siehe auch Diller II, 1642 f.

Lagers geschrieben, das die vorkriegsähnlichen Zustände wieder herstellen wollte. Im Laufe der Zeit als Landesverband organisiert, hatten die bayerischen Einwohnerwehren ein solches Machtpotenzial erlangt, dass es ihrer Führungsriege sogar gelungen war, im März 1920 das Kabinett Hoffmann zu stürzen. Neuer Ministerpräsident war der daran federführend mitbeteiligte oberbayerische Regierungspräsident Gustav von Kahr geworden. Von da an waren die bayerischen Einwohnerwehren noch stärker als vorher ein Staat im Staat. Auch die Bewaffnung und Vorgehensweise der Einwohnerwehren als antidemokratischer Stoßtrupp, der ursprünglich nur den linken bürgerkriegsartigen Terror im Nachkriegsdeutschland niederschlagen sollte, erfolgte nun mehr denn je in Kooperation mit der bayerischen Reichswehr. Erst 1921 konnten sich die Entente-Mächte damit durchsetzen, die Einwohnerwehren aufzulösen.[65]

Erneut verarbeitete Thoma die Schmach und Katastrophe vom verlorenen Krieg in einem Gedicht, für das Thoma ebenfalls angefragt worden war. Die Verse machte er dieses Mal im Dialekt, so wie es eigentlich für das *Festgedicht* geplant war. In südmittelbairischer Mundart gehalten, werden in dem Gedicht die Toten des Ersten Weltkriegs beklagt. Ihre Tapferkeit und ihr Heldenmut sollten wegweisend für die Zukunft sein. Immerhin opferten sie ihr Leben für das Vaterland und fehlten dem Dorf und ihren Familien. Gemeint sind explizit die jungen Männer der Rottacher Freiwilligen Feuerwehr, die im Krieg gefallen waren. Dazu brachte die Rottacher Feuerwehr an der Vorderseite ihres Hauses eine Heldentafel an. Zur feierlichen Enthüllung dersel-

---

[65] Vgl. Heinz HÜRTEN, Revolution und Zeit der Weimarer Republik. In: Max SPINDLER (Begr.), Handbuch der bayerischen Geschichte. 4 Bde. I. In Verbindung mit Andreas KRAUS, Wilhelm VOLKERT, Eberhard WEIS u. a. neu hg. v. Alois SCHMID. 2., überarbeitete Aufl. München 1981 ff., 440–498, 459 ff. – Vgl. Friedrich PRINZ, Die Geschichte Bayerns. Mit 8 Farbtafeln und 71 Abbildungen. München, Zürich 1997, 384 ff. – Vgl. Andreas KRAUS, Grundzüge der Geschichte Bayerns. 2., durchgesehene u. aktualisierte Aufl. Darmstadt 1992, 207 ff. – Vgl. auch Renate SCHOBER, Der Aufmarsch der Gegenrevolution. Nach dem Schock der Räteregierung: Die bayerischen Einwohnerwehren. In: Peter KRITZER (Hg.), Unbekanntes Bayern. Bd. 12: Politik, Staat und Kirche (II). München 1980. 33–44.

ben am 10. April 1921 war Thoma um einen Gedichtbeitrag gebeten worden.[66] Am 4. April schrieb er das Gedicht ohne Schwierigkeiten und so, wie es die Auftraggeber wollten. „Es ist ganz anständig geworden, obwohl Dialekt sich für ernstes schlecht schickt. Sie wollten aber Dialekt."[67] Vorgetragen wurde es von einem zwölfjährigen Mädchen „fast zu ungeniert d. h. unkindlich, aber gut".[68] Selbstverständlich war der Verfasser des Gedichts mit dabei: „Hernach (3^h) Festzug durch Egern. Ich ging mit den alten Veteranen vorne dran, hinter mir marschierte Henkel-Donnersmark, Gräfin Schönborn. Vor mir das Alm Gretei von der Gaisalm. Dann war Conzert beim Höß, dirigiert von Deinem Anbeter Seppl. Sehr gut."[69]

Ein weiteres den Gefallenen gewidmetes Erinnerungsgedicht entstand wenige Wochen später. Dieses Mal war es der Bürgermeister Simon Kronschnabl, der im Namen der vier Dachauer Ortschaften Ober- und Unterbachern, Ried und Breitenau um eine literarische Gabe für die Einweihung der örtlichen Kriegergedächtniskapelle bat. Auch Kronschnabl formulierte konkrete Vorstellungen, nach denen sich der Beitrag zu richten hätte, um in das Gesamtkonzept der Feier am 5. Juni 1921 zu passen.[70] So schreibt er am 30. April an Thoma: „Am Heldengrabe vor der Kapelle soll ein Mädchen in der Dachauer Tracht einen Kranz niederlegen. Da hätten wir ganz gerne ein Dialektzwiegespräch mit etwa folgendem Inhalte: Das Mädchen findet nach längerem Suchen das Grab ihres Bruders, schmückt es mit dem Kranze u. bricht in Schmerz zusammen. Es erscheint ein Bauernbursche, der sie tröstend aufrichtet mit dem Hinweis auf die schmerzhafte Muttergottes i. der Kapelle, zu der sie dann beider pilgern, um dort ein Ave Maria! zu sprechen. Rührend, nicht wahr? Möchten Sie uns nicht ein

---

[66] Vgl. DILLER I, 682 f., II, 1646.
[67] Ludwig Thoma an Maidi von Liebermann. Rottach, 04.04.[1921]. Briefe: Mon. LT B 260.
[68] Vgl. Ludwig Thoma an Maidi von Liebermann. Rottach, 11.04.[19]21. Briefe: Mon. LT B 260.
[69] Ludwig Thoma an Maidi von Liebermann. Rottach, 11.04.[19]21. Briefe: Mon. LT B 260.
[70] Vgl. DILLER I, 683 f., II, 1647–1650.

solches Gespräch verfassen? Es bräuchte höchstens 5 Min. ausfüllen u. dürfte sehr einfach gehalten sein."[71] Daraufhin schrieb Thoma am 25. Mai an Maidi: „Heute wollte ich [auf den Berg] Schilderstein, aber mein Bürgermeister von Bachern flehte mich gestern an, ich soll ihn doch nicht sitzen lassen mit dem Gedicht zur Denkmalsenthüllung. Als bewährter Veteranendichter muß ich halt in Gottes Namen. – "[72] Thoma setzte die Anliegen Kronschnabls um und ließ in einem fingierten Dialog zwischen einem „Mädel" und einem „Burschen" Trauer und Trost zugleich aufleben. In dem im südmittelbairischen Dialekt gehaltenen Rollengedicht verkörpert das Mädchen die Trauer und der junge Mann den Trost. Das Mädchen sucht symbolisch mit einem Kranz in der Hand vergeblich das Grab eines jungen Soldaten, der auf den Schlachtfeldern geblieben war. An der Frühjahrspracht der aufbrechenden Natur kann sie sich nicht erfreuen, da sie immer noch um ihn trauert. Schließlich kommt ein Bursche, der ihr erklärt, dass der Verstorbene unter lauter heldenhaften deutschen Soldaten liege und deren Kriegseinsatz von keiner Siegermacht schlecht- oder kleingeredet werden dürfe. Außerdem blicke die Landschaft so freundlich drein als wie vor dem Krieg, da kein Feind den Heimatboden betreten und zerstört hätte. Die indirekt erwähnte Demütigung infolge der Repressalien des von den Entente-Mächten, allen voran Frankreich, aufoktroyierten Versailler Vertrags könne der Heimatliebe und dem Stolz auf das Vaterland nichts anhaben. Am Ende ist das Mädchen getröstet und legt zusammen mit dem Jungen als symbolischen Akt der Überwindung der Trauer und des Schöpfens neuer Hoffnung den Kranz direkt vor der Kapelle ab und empfiehlt der Heiligen Maria im Gebet die Toten. Gesprochen wurde der weibliche Part von einer jungen Frau und der männliche von einem jungen heimgekehrten Kriegsteilnehmer. Das Rollengedicht war „ein Glanzpunkt" des Festes mit einem Vergnügen, zuzuhören, „wie frisch u. furchtlos die beiden jungen

---

[71] Simon Kronschnabl an Ludwig Thoma. Unterbachern, 30.04.1921. Briefe: Mon. LT B 103.
[72] Ludwig Thoma an Maidi von Liebermann. Rottach, 25.05.[19]21. Briefe: Mon. LT B 260.

Leute sprachen u. wie die Menge ergriffen zuhörte", wie Kronschnabl im Nachhinein dem Verfasser der elf Strophen berichtete.[73] Der Dichter selbst konnte trotz Einladung bei dem groß ausgerichteten, durch und durch oberbayerisch patriotischen Fest nicht dabei sein. Zu diesem Zeitpunkt fühlte er sich bereits seit Längerem unwohl. Appetitlosigkeit und ein gefühlter Magen-Darm-Katarrh kündigten Thomas nur zweieinhalb Monate später zum Tode führenden bösartigen Magenkrebs an. Das Gedicht war – soweit bekannt – Ludwig Thomas letztes geschriebenes und veröffentlichtes Gedicht.[74]

Mädel (trägt einen Kranz und spricht traurig):

Wia is im Fruahjahr wieda schö!
Es lachat oan so freundli o,
Wia müaßt sie heut a jeder freu'n,
Der sie no wirkli freuen ko!

Mir aber is mei Herz so voll,
I denk an dös, was oanmal war,
Und 's lustig sei liegt hinter mir
Und alle Freud is nimmer wahr.

Mir is, als gang' 's mi nix mehr o,
Und 's Fruahjahr und da Sunnaschei
Und alls is für mi anderst worn
Und kinnan net dös nämli sei ...

Ein Bursche (tritt zu ihr):

Wo aus denn, Madel, mit dein Kranz?
Den willst wohl auf a Grab hileg'n?
Als Gruaß von der Fruahjahrspracht
Und als an Anteil von dem Seg'n?

---

[73] Oberbachern (mit den Unterschriften: Kronschnabl für den Gemeinderat, Meir Georg für den Veteranenverein, F. Dengler für den Bezirksschulrat) an Ludwig Thoma. Unterbachern, 08.06.1921. Briefe: Mon. LT B 103.
[74] Vgl. DILLER II, 1649 f.

Mädel:

Ja freili, legat i 'n aufs Grab
Und freuet mi, war's mir vergunnt,
I bracht eahm Bleameln jed'n Tag,
Wenn i sei Grab bloß finden kunnt.

Bursche:

Du redst von oan, der g'fallen is?
Da muaßt di net so harb'n drum,
Der liegt bei guate Kamerad'n,
Und lauter Deutsche um eahm rum.

Mädel:

Und 's hohe Gras wachst drüber her,
Koa Bleamel derf sei Ruahstatt zier'n.
Und schlechte Feind, de treten drauf
Und derfan Tote verschimpfier'n.

Bursche:

Sie möchten bloß, sie kinnan net.
De Helden geht koa Schimpf net o,
De ham sie wohl a Denkmal g'setzt,
Dös koa Franzos verschandeln ko.
Dös Denkmal steht. Schaug umadum!
Ist unser Dörfel net, wia 's war?
No steht jed's Haus und d' Felder blüah'n.
Ja, is denn dös net wunderbar?
Is dös koa Denkmal und dös größt?
A Ehrenmal im schönsten Sinn?
Die ganze Welt war gegen ins
Und do war da koan Feind herin!
Siehgst Madel, wer dös recht betracht,
Find't mehr als dös, was traurig macht.
Bloß trauri sei – dös is net gnua –

Es g'hört a Dank und Stolz dazua.

Mädel (frischer):

Ja, du hast recht. I siech's wohl ei,
Es tuat net guat, bloß traurig sei.

Bursche:

Den Kranz, den legst jetzt vor d' Kapell'n,
Die erste Zier am Gotteshaus,
Viel andre kemman Jahr um Jahr,
Viel G'schlechter gengan ein und aus,
Und alle schaug'n ins weite Land
Und segnen jede tapfere Hand.

Mädel:

Zu Füßen unserer lieben Frau
Leg i den Kranz mit Ehrfurcht hin.
Sie moant's mit unsre Helden guat
Und bitt für sie mit mildem Sinn.
Du heilige Schutzfrau vom Bayerland,
Führ unsre Toten an deiner Hand!

Fazit

Bleibt die Frage, wie Thomas Widmungs- und Festlyrik im Gesamtkontext seines Œuvres einzuschätzen ist? Auffallend ist, dass es von Thoma privat verhältnismäßig wenig Lyrik gibt. Mehr oder weniger exemplarisch hierfür steht, dass Thoma an Maidi über 800 Briefe schrieb, aber nur vier Gedichte. Abgesehen davon, dass Maidi keine Anhängerin sentimentaler Liebesgedichte war, schrieb er aber auch in seinem sonstigen privaten Umfeld wenig bis gar keine Versdichtungen, die *Heilige Nacht* einmal ausgenommen. Umso wertvoller sind die wenigen intimen lyrischen Momente des Dichters, von denen wiederum die Gedichte für geliebte Personen oder anlässlich besonderer Jubiläen überwiegen. Zwar hat Thoma im *Simplicissimus* etliche Gedichte auf Personen und zu Jubiläen – unweigerlich mit persönlicher Note – geschrieben, doch sind diese immer im Kontext des Publikationsorgans zu lesen. Insofern kommt der Dichter unter dem Schirm der Privatheit voll aus sich heraus, tritt hinter jeglichem Pseudonym und aus jeglichem beruflichen Rahmen hervor und lässt bis in das Innerste seiner Seele blicken. Diesen Blick wollte er freilich nur privat gewähren, im geschützten Raum, und nur für felsenfeste Überzeugungen und Bekenntnisse hergeben. Mehr denn je werden diese ‚Glaubenszeugnisse' in seiner späten Lyrik deutlich. In ihr sieht er gleichzeitig im Kleinen das große Ganze. Gerade die patriotischen Festgedichte sind für den Mikrokosmos einer örtlichen Gemeinschaft hin geschrieben und deuten doch auf einen globalen Makrokosmos hin. Der verlorene Krieg und die Kriegsschuld – Themen, die den Bayerndichter in den letzten Lebensjahren umtreiben – wirken bis in das kleinste Dorf hinein, und umgekehrt wirken ein patriotisches Selbstbewusstsein und die unverbrüchliche Liebe zum Heimatland bis in die Welt hinaus, so das Credo. Was Bernhard Gajek für den *Ruepp*, weil allgemeingeltend, schreibt, gilt somit auch für Thomas eigene anlassbezogene Widmungslyrik: „Die Entsprechung zwischen der ‚großen' und ‚kleinen' Welt ist Thomas ständiges Prinzip; es diente dem Autor auch hier dazu, sich zu verbergen und zu entdecken."[75]

---

[75] Gajek, Textrevision und Nachwort. In: Ruepp, 237.

LUDWIG THOMA
UND DER DIALEKT

Klaus Wolf

Ludwig Thoma gilt bis heute als der Bayerndichter schlechthin. Dies hängt nicht zuletzt damit zusammen, dass er den bairischen Dialekt[1] endgültig literaturfähig machte, und dies nicht nur auf dem Gebiet Altbayerns, wo ja bis heute Bairisch gesprochen wird, sondern sogar in Berlin, wo Ludwig Thoma mit seinen gesellschaftskritischen, damals durchaus modernen naturalistischen Theaterstücken geradezu Triumphe feierte. Der Autor der vor 1914 tendenziell linksliberalen Satirezeitschrift *Simplicissimus* setzte wiederholt die Mundart zur Milieuschilderung, aber auch für Satire und Persiflage ein. Letzteres trifft vor allem auf die sogenannten Filser-Briefe zu.[2] Diese karikieren anhand einer fiktiven Figur die Schreibversuche vermeintlich einfacher Leute. Fiktion und Satire schaffen somit ein Kunstidiom bäuerlicher Schreibsprache, die wegen dieser Künstlichkeit gerade nicht als Quelle einer Sprachgeschichte von unten dienen kann.[3] Dies lässt davor warnen, die dialektalen Werke Ludwig Thomas unbesehen als korpuslinguistische Quelle für den Volksdialekt zu verwenden. Vielmehr benutzt der Autor Thoma Hochsprache und Mundart in allen nur denkbaren Übergängen und Schattierungen als Mittel literarischer Darstellung und Charakterisierung, mitunter der Milieuschilderung.

---

[1] Der vorliegende Beitrag erweitert und aktualisiert meinen älteren Aufsatz: Ludwig Thoma und der Dialekt. Ein Beitrag zur Geschichte der Dialektdichtung in Bayern. In: Amperland. Heimatkundliche Vierteljahresschrift für die Kreise Dachau, Freising und und Fürstenfeldbruck. 57. Jahrgang, Heft 3, 2021, 85–86.

[2] Klaus WOLF, Bayerische Literaturgeschichte. Von Tassilo bis Gerhard Polt. München 2018, passim.

[3] Vgl. Stefan ELSPASS, Sprachgeschichte von unten. Untersuchungen zum geschriebenen Alltagsdeutsch im 19. Jahrhundert (Reihe Germanistische Linguistik 263), Berlin/Boston 2005.

Mundart als Mittel der Milieuschilderung ist freilich keine Erfindung Ludwig Thomas, sondern begegnet auch bei erfolgreichen Zeitgenossen außerhalb Bayerns, wie etwa beim Literaturnobelpreisträger Gerhart Hauptmann, der dem Schlesischen ein literarisches Denkmal setzte.[4] Das mehr ländliche niederdeutsche Milieu, durchaus versehen mit dem Etikett der sogenannten Heimatliteratur, bediente, besonders in der Wiedergabe wörtlicher Reden, der Husumer Theodor Storm.[5] Erinnert sei auch an einige köstliche Passagen in den *Buddenbrooks* Thomas Manns, wo beispielsweise das Idiom der 1848 revoltierenden Lübecker Speicherarbeiter treffend karikiert wird, während die Wiedergaben des Bairischen (etwa für die Figur von Tonis zweitem Ehemann Permaneder) beim Wahlmünchner Thomas Mann nicht immer authentisch sind, und etwa Erika Mann dagegen als sichere Mundartsprecherin des Münchnerischen beziehungsweise Mittelbairischen anzusehen ist.[6]

Und die Frage des Authentischen bei der Wiedergabe von Mundart bewegte Ludwig Thoma selbst, der seinem Freund Ludwig Ganghofer ein nicht immer korrektes Bairisch vorwarf. Neuere Untersuchungen zeigen, dass dieser Vorwurf nicht berechtigt ist, weil Ludwig Ganghofer als promovierter Germanist sehr wohl über vertiefte dialektologische Kenntnisse verfügte. Diese stellt er in seiner Autobiographie *Lebenslauf eines Optimisten* wiederholt in sachgerechten, quasiphonetischen Umschriften unter Beweis. Dass Ganghofer als besonders sensibler Beobachter von Dialekten quer durch den deutschen Sprachraum aber gerade in seinen erfolgreichen Theaterstücken und auflagenstarken Romanen in der Regel gerade nicht phonetische Umschriften authentischer bairischer Mundart bietet, hat eben nichts mit sprachlichem Unvermögen, sondern vielmehr mit kaufmännischem Kalkül zu tun. Ludwig Ganghofer wollte nämlich auch in Berlin verstanden und gelesen werden, und die enormen Auflagen, die auch ein

---

[4] Vgl. http://www.gerhart-hauptmann-gesellschaft.de/zeittafel/
[5] Vgl. https://www.storm-gesellschaft.de/dichter/1817-1842
[6] Vgl. WOLF, Bayerische Literaturgeschichte, 277 u. ö.

Ludwig Thoma nie erreichte, gaben Ganghofer Recht. Dieses Phänomen betrifft auch den Erfolgsdichter Karl May, dessen Kunstdialekt in seinen im Alpenraum spielenden Romanen eben kein kurioses Kauderwelsch darstellt, sondern der Erzeugung einer alpinen und im gesamten deutschen Sprachraum verständlichen Sprachkulisse dient.[7]

Gerade deshalb avancierte Ludwig Ganghofer (von Josef Ruederer als „Hofganger" geschmäht) gar zum Lieblingsdichter Kaiser Wilhelms II., der Bairisch nur von Besuchen in München kannte. Denn seine kaiserliche Majestät musste sich etwa beim *Herrgottschnitzer von Oberammergau* nicht mit einem schwer verständlichen Alpenidiom herumschlagen, sondern fand in den wörtlichen Reden der fiktiven Figuren eine irgendwie bairisch klingende, aber auch für Norddeutsche vollkommen verständliche Kunstmundart vor, welche sich deutlich von den hochsprachlich gehaltenen erzählerischen Partien unterschied. Denn niemand würde in Oberammergau so gesprochen haben, wie es die wörtlichen Reden in Ganghofers *Herrgottschnitzer* überliefern, gleichwohl fühlte sich die Leserschaft nördlich des Mains wie in der Sommerfrische, wobei der damals besonders modische alpine Tourismus parallel zu den steigenden Auflagen Ganghofers enormen Aufschwung erfuhr.

Dagegen bemühte sich Ludwig Thoma um Authentizität in den mundartlichen Partien seiner erzählerischen und dramatischen Werke. Dies trifft umso mehr auf seine Mundartlyrik zu. Das gleiche lässt sich auch von Georg Queri und seinem skandalbehafteten Buch *Kraftbayrisch* sagen. Obwohl das von der Zensur bedrohte Werk mit dialektologischem und volkskundlichem Anspruch auf unterhaltsame Weise letztlich belehren wollte, blickten die Zensurwächter vor allem auf die erotischen und antiklerikalen Inhalte. Der sich entspinnende Prozess wurde mit Zeugen und Gutachtern, welche als Anwälte bairischen Dialekts auftraten, geführt, wobei Ludwig Thoma und Ludwig Gang-

---

[7] Vgl. Harald EGGEBRECHT, Ludwig al Raschid. Wie der bayerische König in Karl Mays Kolportageroman ‚Der Weg zum Glück' geriet. In: Süddeutsche Zeitung, Samstag/Sonntag, 9./10. April 2011, Nr. 83, Seite R 19.

hofer gleichermaßen auf den dialektologischen, aber auch volkskundlichen Wert von Queris Abhandlung abhoben.[8]

Dass Ludwig Ganghofer mundartlich eigentlich Schwabe war (geprägt durch die Kindheit im sogenannten Holzwinkel westlich von Augsburg), spielte bei dem Skandal um Georg Queri keine Rolle. Es lohnt aber, auf die Unterschiede zwischen bairischer und schwäbischer Dialektdichtung zu Zeiten Ludwig Thomas (und im Grunde bis heute) genauer einzugehen. Denn Ludwig Thoma konnte auf eine reiche Tradition eines bairischen Schriftdialekts zurückblicken. Er selbst hatte zusammen mit Georg Queri in seinem *Bayernbuch* ja beste Beispiele der Mundartdichtung quer durch die Jahrhunderte geliefert. Angefangen vom Minnesänger Neidhart aus Landshut über Karl Stieler oder Franz von Kobell bis hin zu Lena Christ. Gleichwohl wussten Thoma und Queri auch um Dialektdichtung in Schwaben, wie etwa die Werke von Sebastian Sailer. Und während bis heute Wolfram von Eschenbach als Franke firmiert, ordnet ihn Ludwig Thoma (passend zu Wolframs Selbstzeugnis im ‚Parzival') dem Nordbairischen zu.[9] Von daher war die Verschriftlichung des Bairischen um 1900 eine schon längst etablierte und durchaus regelhafte bis normierte Gepflogenheit. Die Grundlagen wurden bereits im 19. Jahrhundert geradezu virtuos mit Franz von Kobell gelegt. Dessen kleine Erzählung *Brandner Kaspar* sowie seine Lyrik bemühten sich um sprachliche Authentizität und meisterten die Wiedergabe etwa typisch bairischer Diphthonge.[10] Dagegen gab und gibt es bis heute für das Schwäbische keine vergleichbare Norm wie das Schriftbairische bei Kobell, Thoma und Queri.[11]

---

[8] Vgl. Klaus WOLF, Schwäbisch gschwätzt, ned boarisch gred! Das Bairische bei Ludwig Ganghofer. In: Ludwig Ganghofer zum 100. Todestag, hg. v. Klaus WOLF und Ulrich HOHOFF, München 2020 (= Sonderheft der Literatur in Bayern), 26–31.

[9] Vgl. Bayernbuch. Hundert bayrische Autoren eines Jahrtausends. Herausgegeben von Ludwig THOMA und Georg QUERI, München 1913.

[10] Vgl. dazu Hans Ulrich SCHMID, Bairisch. Das Wichtigste in Kürze, München 2012, 61–72.

[11] Auf diese Fragen und auf gleichwohl anzutreffende Unterschiede innerhalb des Schriftbairischen geht immer wieder die berühmte Anthologie *Bayernbuch* ein. Vgl. den Neudruck: Bayernbuch. Hundert bayerische Autoren eines Jahrtausends. Begründet von Ludwig THOMA und Georg QUERI. Neu herausgegeben von Hans E. VALENTIN, München 1975.

Gerade in Bayerisch-Schwaben variiert die Verschriftlichung der Mundart von Ort zu Ort und Autor zu Autor. Umgekehrt kann schwäbische Dialektdichtung dadurch zur dialektologischen Quelle der Ortsmundart werden. Joseph Bernhart befleißigte sich beispielsweise in seinem langen Leben vor allem der Mundart seiner Türkheimer Kinderzeit und adelt diese durch die mystischen Inhalte, welche von Meister Eckhart inspiriert sind, als dessen wissenschaftlicher Entdecker im katholischen Bereich Joseph Bernhart gilt.[12] Jenseits von Türkheim sind die Corpora von Dichterinnen und Dichtern zwischen Alpen und Donau sowie Iller und Lech Zeugnisse ganz unterschiedlicher Mundarten im heutigen Bayerischen Schwaben.[13]

Die Vielfalt im Bayerischen Schwaben umfasst nicht zuletzt die sehr unterschiedlichen Dialekträume des Ostschwäbischen und des Niederalemannischen. Dagegen orientierte sich Ludwig Thoma aufgrund seiner Herkunft und seiner späteren schulischen Laufbahn eher am Mittelbairischen. Seit althochdeutscher Zeit werden in diesem Idiom auch geistliche Texte mit theologischem Tiefgang formuliert, wie für das Ostschwäbische etwa die Mundartmystik von Joseph Bernhart. Von vergleichbarer theologischer Tiefe ist Ludwig Thomas berühmte *Weihnachtsgeschichte*, die vom Dialektforscher Anthony Rowley kundig dialektologisch analysiert und topographisch lokalisiert wurde, nämlich letztlich in die Vorderriß, wo Ludwig Thomas Vater Förster war.[14]

Freilich – und dies übersehen manche, die damit glauben, Ludwig Thoma dialektologisch festlegen zu können – bezieht sich diese Analyse nur auf dieses Spätwerk. Denn auch in seinem Bairischen ist Ludwig Thoma durchaus vielseitiger. Er zieht verschiedene sprachliche Register im fließenden Übergang von der bäuerlichen Ortsmundart

---

[12] Tanja SANDNER/Klaus WOLF, Dialektdichtung in Schwaben, publiziert am 22.01. 2019; in: Historisches Lexikon Bayerns, URL: https://www.historisches-lexikon-bayernde/Lexikon/Dialektdichtung_in_Schwaben.

[13] Vgl. Butzagägaler. Mundartlyrik in Bayerisch-Schwaben: Vom Ries bis zum Allgäu, von der Iller zum Lech. Herausgegeben von Lothar BIDMON, Regensburg 2023.

[14] Vgl. Anthony ROWLEY. In: Goggolori. Aus der Werkstatt des bayerischen Wörterbuchs 4, 2000/2001, 5–6.

über das Honoratiorenbairische bis zur poetischen Hochsprache. Er bedient sich gar virtuos hyperkorrekter Wiedergaben der Hochsprache durch den erfundenen Briefeschreiber Josef Filser, der zwischen einem bairisch tönenden Hochdeutsch und einem verkrampft in die Schriftform gepressten dörflichen Bairisch munter mäandert. Allerdings findet Ludwig Thoma in dieser Vielschichtigkeit seine Meisterin. Denn Lena Christ greift in ihren Erzählwerken nicht nur all diese Register auf, sondern perfektioniert gerade in der Dialogführung die Charakterisierung von Mundartsprecherinnen und -sprechern. Dies haben übrigens schon zeitgenössische Rezensenten erkannt.[15]

Gleichwohl bleiben grundsätzliche Probleme bei der Wiedergabe mündlichen Dialekts, welche Ludwig Zehetner für das Bairische auf den Punkt bringt:

> „Ähnlich wie den Schreibern der althochdeutschen Texte, die sich tastend das lateinische Alphabet zunutze machten, um die deutsche Sprache niederzuschreiben (z. B. *niuuiht ni uuas* mit den Buchstaben *uu* für den Laut *w*), ergeht es bis heute den Autoren von Mundartliteratur; denn die Orthografie erweist sich als unzureichend für die Wiedergabe dialektaler Lautungen. Erst in jüngerer Zeit hat man sich der Fesseln der Rechtschreibnorm entledigt. Ältere Texte sind übersät mit Apostrophen, die anzeigen sollen, dass hier im Vergleich mit der Schriftsprache ein Laut fehlt. Damit tut man dem Dialekt Gewalt an, der ja ein eigenständiges System darstellt, das von der Hochsprache weitgehend unabhängig ist. In den letzten paar Jahrzehnten hat man sich weitgehend befreit von der *Apostrophitis*."[16]

Gleichwohl ist Ludwig Thoma, der nachweislich große Dialektkenntnis aufwies und diverse Grammatiken sowie Wörterbücher zu den

---

[15] Vgl. Klaus WOLF, Der eifersüchtige Mentor? Ludwig Thoma und Lena Christ. In: Ludwig THOMA. Zwischen Stammtisch und Erotik, Satire und Poesie, hg. v. Franz-Josef RIGO und Klaus WOLF, München 2021, 109–116.

[16] So Ludwig ZEHETNER, Ein Nachwort. In: Peter KASPAR (Hg.), Bairisches Poeticum. Mundartgedichte aus zwölf Jahrhunderten, Regensburg 2014, 95–98, hier 97–98.

Mundarten benutzte,[17] häufig (im Verbund mit seinen Editoren) selbst Opfer dieser Apostrophitis gewesen, wie folgendes Beispiel zeigt (aus dem Gedicht *Boarisch*):

> Und da Pfarra bei 'n Tog
> Ko plärr'n, wia 'r a mog,
> Bal's d'Leut amal seh'g'n,
> Is d'Hauptsach' scho g'scheh'gn.[18]

Letztlich orientiert sich diese Schreibung an einer durch das Lutherdeutsche geprägten Hochsprache, eben mit dem *lutherischen e*, welche die bairischen Apokopierungen und Synkopierungen, die schon mittelalterlich waren, natürlich nicht kennt. Ludwig Thoma nimmt hier Rücksicht auf norddeutsch geprägte Lesegewohnheiten. Dabei kennt noch das späte 18. Jahrhundert mit dem *parnassus boicus* und seinen Protagonisten eine alternative, ostoberdeutsch geprägte Hochsprache. Ludwig Thomas vermeintliche phonetische Umschriften sind auch mit den Apostrophen ein Kompromiss zugunsten einer anvisierten und über Bayern hinausreichenden Leserschaft. Um sie ging es dem Autor und darüber hinaus um Verständlichkeit auch auf den Berliner Bühnen.

Unabhängig von der vielschichtigen orthographischen Wiedergabe des Bairischen im Übergang zwischen phonetischer Umschrift bis normierter bairischer Schriftsprache steht bei Ludwig Thoma, aber auch Lena Christ oder Oskar Maria Graf und Emerenz Meier die überwiegende Authentizität des Bairischen in ihren Werken außer Zweifel. Ganz anders dagegen das bewusst verfremdete Pseudobairisch bei Hanns von Gumppenberg, welches allerdings nicht nur die inflationäre Verserlschmiederei, sondern insbesondere die Bairischversuche der Touristen aufs Korn nimmt:

---

[17] So Hermann PROEBST. In: Ludwig THOMA, Gesammelte Werke Bd. 1: Autobiographisches. Ausgewählte Aufsätze, München, 2. Aufl. 1974, 43.
[18] Ludwig THOMA, Gesammelte Werke Bd. 6: Romane II und ausgewählte Gedichte, 2. Aufl. 1974, 523.

Das Oadelwoaß

O Berg – euch liab' ich allezoat,
Ja selbscht im Winta, wenn es schnoat!
Ich grüaß' den roanen Sunnenschoan,
Und stoag' ins stoale G'wänd hinoan:
Da wer'n miar wohl die Woadel hoaß,
Doch grüaßt mich z'letzt oan Oadelwoaß,
   Oan Oadelwoaß!

O Liad, gediachtet still dahoam,
Wia g'froat von diar mich jeda Roam!
Jetzt kling' vom Berg zu Bergen woat,
Zum Proas der Alpenherrlichkoat!
Und singt dich d' Senn'rin hoch am Oas,
Dann bist auch du oan Oadelwoaß,
   Oan Oadelwoaß!

   Nach einer „oberbairischen" Dialektdichterin[19]

---

[19] Zit. nach: Die Literatur im 20. Jahrhundert. Ausgewählt und eingeleitet von Karl PÖRNBACHER, München 1981 (Bayerische Bibliothek. Texte aus zwölf Jahrhunderten. Band 5), 77–78.

Ludwig Thomas Affinität zur Geschichte

Thoma, Riehl und König Max II. Joseph von Bayern

Wilhelm Liebhart

„So sehr wir an Bayern und Wittelsbach hängen – und die zwei gehören auch die nächsten tausend Jahre zusammen – so könnten wir doch an eine ruhige Übergangszeit glauben, wenn Berlin nicht Berlin und die deutsche Demokratie nicht eben die charakterlose Deppokratie wäre."[1] Dieser Satz, erschienen am 15. April 1921 im *Miesbacher Anzeiger* im Artikel *Warum's nicht geht*, zeigt eine tiefe Abneigung einmal gegenüber Berlin, in dem Thoma vor 1914 doch so manche Bühnenerfolge gefeiert hatte, und zum anderen gegenüber der jungen Demokratie, die man später als Weimarer Republik zu bezeichnen pflegte. Diese Einstellung Thomas durchzieht zusammen mit seinem zunächst verdeckten, nach 1918 aber virulenten Antisemitismus[2] die 167 anonym erschienenen Artikel der Jahre 1920/1921 im *Miesbacher Anzeiger*. Dagegen steht sein positives, bereits nostalgisches Bekenntnis zum Königreich Bayern und seinem im November 1918 gestürzten Herrscherhaus der Wittelsbacher.

---

[1] Zitat aus Ludwig Thoma, Sämtliche Beiträge aus dem „Miesbacher Anzeiger" 1920/21. Kritisch ediert und kommentiert von Wilhelm Volkert, München 1989, 232. – Vgl. dazu Reinhard Wittmann, Ludwig Thoma und der „Miesbacher Anzeiger", in: Amperland 58 (2022) Heft 1, 28–34.
[2] Franz-Josef Rigo, „Ich bin wirklich kein Antisemit …". Ludwig Thoma und der Antisemitismus, in: Amperland 53 (2017) Heft 1, 177–180.

Prinzregentenzeit

Konkreter war Thoma als Monarchist schon vier Wochen zuvor, am 12. Mai 1921, im Artikel *Prinz-Regent Luitpold. Zum hundertsten Geburtstage* gewesen: Die Prinzregentenzeit von 1886 bis 1912 war für ihn „die Erinnerung an glückselige Tage [...], als es bei uns noch so weiß-blau und altbayrisch war". Luitpold erschien ihm als „Symbol einer lieben, gemütlichen Zeit",[3] ja als „versunkenes Glück".[4] Aber durchaus kritisch: „Es ist auch damals vielleicht nicht alles richtig und alles staatsweise, aber es ist alles rechtschaffen gemacht worden."[5] Thoma schildert dann knapp den Werdegang Prinz Luitpolds, orientiert an den Jahren 1821 (Geburt), 1848 („Lola-Rummel"[6]), 1870 („im Hauptquartier des Königs Wilhelm") und 1886 (an der „Spitze Bayerns"). Genannt werden die Vorgänger König Max I. Joseph, Ludwig I., Max II. Joseph und Ludwig II. Bis auf den ersten König kommen dessen Nachfolger durchaus am Rande in Thomas Werken vor: Im Revolutionsjahr 1848 spielt das Romanfragment *Lola Montez. Erinnerungen eines alten münchner Malers* von 1918.[7] König Ludwig II. wird in den Kindheitserinnerungen, geschrieben 1918/1919, gewürdigt.[8] Auffällig ist in der Eloge auf Luitpold ein Absatz über König Max II. Joseph, dem älteren Bruder Luitpolds: „Die ruhigen, schönen Jahre unter Max II., während deren München wohl die glücklichste Zeit gesehen hat, galten dem alten Regenten [Luitpold] in später Zeit noch als die liebste Erinnerung."[9]

---

[3] VOLKERT, Thoma, 174.
[4] VOLKERT, Thoma, 175.
[5] VOLKERT, Thoma, 174 f.
[6] Lola Montez kam am 5. Oktober 1846 nach München und musste am 12. Februar 1848 München verlassen. Zu dieser schillernden Gestalt vgl. zuletzt Marita KRAUSS, Das Leben der Lola Montez, München 2020.
[7] Erschienen in Ludwig THOMA, Gesammelte Werke. Siebenter Band: Erzählendes aus dem Nachlaß und ausgewählte Aufsätze, München 1922. Hier: Reprint München 1933, 197–277. Dazu Richard LEMP, Ludwig Thoma. Bilder, Dokumente, Materialien zu Leben und Werk, München 1984, 28 f. und 213.
[8] Ludwig THOMA, Erinnerungen (1919), München 3. Aufl. 1980, 35–37.
[9] VOLKERT, Thoma, 175.

Was bewog Thoma, gerade die Ära König Max II. Josephs von 1848 bis 1864 mit „ruhig" und „schön" und nicht etwa die vorausgehende zweifellos außenpolitisch noch ruhigere Epoche seines Vaters Ludwig I. so zu charakterisieren?

Thoma und Riehl über König Max II.

Posthum kam 1933 im siebten Band von Thomas *Gesammelten Werken* im merkwürdig betitelten Abschnitt *Sonstige Bruchstücke* aus dem Nachlass der bis dahin unveröffentlichte historische Essay *Vom König Max II.* heraus.[10] Von einem Bruchstück im Sinne eines Fragments kann keine Rede sein.[11] In drei Abschnitten oder Kapiteln schildert der Dichter im Anschluss an Wilhelm Heinrich Riehl (1823–1897), dem „braven alten Riehl",[12] die Persönlichkeit und das kulturelle Wirken des dritten bayerischen Königs.[13] Der seit 1854 in München lebende Theologe, Histori-

---

[10] Ludwig THOMA, Vom König Max II., in: Gesammelte Werke, 323–332.
[11] LEMP, Thoma, 203 Nr. 276: Monacensia Signatur L 2394.
[12] THOMA, Vom König Max II., in: Gesammelte Werke, 323.
[13] Literatur zu König und Epoche: Johann M. SÖLTL, Max der Zweite. König von Bayern, Augsburg 2. Aufl. 1867; Michael DOEBERL, Entwicklungsgeschichte Bayerns. Dritter Band, München 1931, 171–358; Michael DIRRIGL, Maximilian II. König von Bayern. 2 Teile, München 1984; Horst HESSE, Gesetzgeber und Gesetzgebung in Bayern 1848–1870, Weilheim 1984; Andreas KRAUS, Ringen um kirchliche Freiheit – Maximilian II., in: Walter BRANDMÜLLER (Hg.), Handbuch der Bayerischen Kirchengeschichte. Dritter Band, St. Ottilien 1991, 167–204; Achim SING, Die Wissenschaftspolitik Maximilians II. von Bayern (1848–1864). Nordlichterstreit und gelehrtes Leben in München, Berlin 1996; Wilhelm LIEBHART, Bayerns Könige. Königtum und Politik in Bayern, Frankfurt/M. 1997, 99–141; Marita KRAUSS, Herrschaftspraxis in Bayern und Preußen im 19. Jahrhundert, Frankfurt/New York 1997; Johannes MERZ, Max II., in: Alois SCHMID / Katharina WEIGAND (Hg.), Die Herrscher Bayerns, München 2001, 330–342 und 409 f.; Wilhelm VOLKERT, Die politische Entwicklung von 1848 bis zur Reichsgründung 1871, in: SPINDLER. Handbuch der Bayerischen Geschichte. Vierter Band, Erster Teilband. Neu hg. v. Alois SCHMID, München 2. Aufl. 2003, 235–292; Andreas KRAUS, Geschichte Bayerns, München 3. Aufl. 2004, 493–518; Katharina WEIGAND, König Maximilian II. Kultur- und Wissenschaftspolitik im Dienst der bayerischen Eigenstaatlichkeit, in: Sigmund BONK / Peter SCHMID (Hg.), Königreich Bayern. Facetten bayerischer Geschichte 1806–1919, Regensburg 2005, S. 75–94;

ker, Volkskundler, Journalist und Schriftsteller Riehl würdigte den König mehrmals. Thoma stützte sich völlig auf Riehls Studie *König Maximilian II. von Bayern* von 1871, die 1872 erschien, aber erst durch dessen Erinnerungsbuch *Kulturgeschichtliche Charakterköpfe* weite Verbreitung erfuhr.[14] Immer wieder benennt und zitiert Thoma im Text diese Hauptquelle, er beruft sich aber auch auf den preußischen Historiker Leopold von Ranke (1795–1886),[15] dessen Werke er in seinem Haus auf der Tuften neben Theodor Mommsen und dem verehrten Heinrich von Treitschke besaß, dann auf den Schriftsteller und Professor Friedrich Bodenstedt (1819–1892), Schilderer der berühmt gewordenen Fußreise des Königs durch das Alpenvorland 1858,[16] und schließlich auf die eigene Mutter, die ihr Wissen „vom Vater und dessen Freunde[n] hatte".[17]

Warum verfasste Thoma diesen Essay? Da seine Tagebücher nicht veröffentlicht sind, kann man nur mutmaßen. Thoma erkannte, dass der König zwar „katholisch und doch ein entschiedener Gegner des Ultramontanismus"[18] gewesen war und zudem eine „Protestantin"[19] geehelicht hatte. Thoma pflegte in seiner Zeit beim *Simplicissimus* seit

---

Hans-Michael KÖRNER, Geschichte des Königreichs Bayern, München 2006; Ulrike LEUTHEUSSER / Heinrich NÖTH, „Dem Geist alle Tore öffnen". König Maximilian II. von Bayern und die Wissenschaft, München 2009; Dirk GÖTSCHMANN, Wirtschaftsgeschichte Bayerns. 19. und 20. Jahrhundert, Regensburg 2010, 76 passim; Wilhelm LIEBHART, König Maximilian II. Joseph von Bayern (1848–1864). Ein Beitrag zum 200. Geburtstag des Monarchen (1811–2011), in: Amperland 48 (2012) 321–325 und 387–392.

14 Wilhelm Heinrich RIEHL, Kulturgeschichtliche Charakterköpfe. Aus den Erinnerungen gezeichnet, Stuttgart 3. Aufl. 1899, 175–244; von Riehl stammt auch der Reisebericht „Eine Fußreise mit König Max", a. a. O., 245–306. – Zu Riehl vgl. knapp Wolfram SIEMANN, „Stets bemüht, meine neue Heimat hochzuhalten". Der Kulturhistoriker Wilhelm Heinrich Riehl (1823–1897), in: LEUTHEUSSER / NÖTH, 117–129

15 Thoma plante auch einen Essay zum Thema „Max II. und Leopold von Ranke". Ein Konzept hat sich erhalten. Vgl. LEMP, Thoma, 202 Nr. 277.

16 Friedrich BODENSTEDT, Eine Königsreise, 3. Aufl. Leipzig 1883. Nach Thomas Tod erschien: Der König reist durch sein Bayerland, hg. v. Josef HOFMILLER, München 1925. – Neuausgaben auf der Basis von 1925: Eines Königs Reise. Erinnerungsblätter an König Max, München 1985; Eines Königs Reise, München 2011.

17 THOMA, Vom König Max II., in: Gesammelte Werke, 323.

18 THOMA, Vom König Max II., in: Gesammelte Werke, 330 f.

19 Zur Gattin Marie Friederike von Preußen und der Ehe vgl. Martha SCHAD, Bayerns Königinnen, Regensburg 1992, 169–270.

März 1900 mehrere Feindbilder: Die ultramontane Zentrumspartei, den Klerikalismus[20] und Kaiser Wilhelm II. In Max II. scheint Thoma – wohl zurecht – einen frühen Vorkämpfer gegen den Ultramontanismus und Klerikalismus gesehen zu haben. Dass Max II. „die geistige Hebung Bayerns"[21] mit Hilfe von meist nichtbayerischen Schriftstellern, Gelehrten und Wissenschaftlern betrieb, machte ihn noch mehr interessant. Als dritte Erklärung drängt sich der Gedanke auf, in die Zeit seiner Eltern, die am 14. Dezember 1857 in Oberammergau heirateten, zurückblicken zu wollen. Seine Geschwister Max, Maria und Peter wurden 1858, 1860 und 1864 geboren, Letzterer schon in den ersten Regierungsmonaten Ludwigs II. In dieser Epoche hätte noch „Ehrerbietung vor dem Throne" geherrscht, der Monarch erschien noch als „Vorbild von Strenge und Treue"; den König und seine Familie umgaben „etwas so Vornehmes [...], was viel mehr als betonte Majestät" erschien.[22] Letztere Formulierung stellt wohl eine Anspielung auf König Ludwig I. oder König Ludwig II. dar.

Thoma greift auf das Psychogramm Riehls zurück, wenn er den König als gütig und taktvoll, vornehm, schlicht, klug, aber nicht genial wie seinen Vater, aber auch als sparsam und haushälterisch, kühl, zurückhaltend und wenig leidenschaftlich, ja „steif und förmlich" charakterisiert. Max II. war „frei von der Idee, daß der Nimbus der Majestät den Schein des Alleswissens erfordere".[23] Die königliche Leidenschaft des Lernens und Bildens macht er wie Riehl namentlich an den gelehrten Teilnehmern der abendlichen Symposien fest, von denen noch zu reden sein wird. Es fällt auf, dass Thoma im Gegensatz zu Riehl auf die Politik der Zeit nicht eingeht, etwa auf den Reaktionskurs des Königs von 1849 bis 1859 und den folgenden Umschwung bis zum überraschenden Tod 1864, aber auch nicht auf seine schon von den Zeitgenossen thematisierte Erkrankung. Aber:

---

[20] Vgl. dazu Norbert GÖTTLER, Frömmigkeit und Kirchenkritik im Werk Ludwig Thomas, in: Amperland 33 (1997) 158–167.
[21] THOMA, Vom König Max II., in: Gesammelte Werke, 325.
[22] THOMA, Vom König Max II., in: Gesammelte Werke, 323 und 324.
[23] THOMA, Vom König Max II., in: Gesammelte Werke, 326.

Die innenpolitische Opposition sei „eine milde, sozusagen eine gemütliche Opposition gegen den Ultramontanismus [...]" gewesen.[24]

Alles in allem: Thomas Skizze wirkt nostalgisch und idealisierend, deshalb auch einseitig. Die vorsichtige Kritik Riehls am König will er nicht wahrnehmen. Wann ist der Essay entstanden? An einer Stelle wird als Kontrast Kaiser Wilhelm II.[25] erwähnt, so dass wir die Entstehung wohl zwischen 1900 und 1914 ansetzen dürfen. Vermutlich entstand er anlässlich des 100. Geburtstages des Königs am 28. November 1911 oder zum 50. Todestag am 10. März 1914. Vielleicht begann in der späten Prinzregentenzeit bei Thoma eine stärker werdende Hinwendung zu historischen Themen. Nach dem Weltkrieg schrieb er im November 1919 an Maidi von Liebermann: „Neben Belletristik würde ich so gern ein wenig historisch drauflos arbeiten. Eine Lebensgeschichte des bayrischen Ministers Montgelas liegt mir lang schon im Kopf und im Herz".[26] Bismarck hätte er gern ein Drama gewidmet. Zurück zu Thomas Essay über Max II. von Bayern. Wie wird König Max II. heute gesehen?

Charakter und Persönlichkeit des Königs

„König Max II. war ein schöner Mann, groß, schlank. Die Stirne schön gewölbt, sehr groß. Die Augenbrauen markirt, gedrängt, regelmäßig. Solche Stirnen sind nur zuverlässig klugen und männlichen reifen Charakteren eigen".[27] So schildert Venanz Müller in seiner „vaterländischen" Biographie den neuen König. Trotz seines Patriotismus verschweigt der Biograph nicht die physischen Schwächen wie „schwache Augen" und ein sich in starken Kopfschmerzen ausdrückendes „Nervenleiden". Auch Eigenheiten des Königs als Folge einer „gewissen Langsamkeit im geistigen Erfassen", etwa die Minister lieber nicht persönlich zu empfangen,

---

[24] THOMA, Vom König Max II., in: Gesammelte Werke, 329.
[25] THOMA, Vom König Max II., in: Gesammelte Werke, 328.
[26] Zitat bei Gertrud Maria RÖSCH, Abgründiges bei Ludwig Thoma, in: Freunde der Monacensia e.V. Jahrbuch 2017, 121–136, hier 135.
[27] Venanz MÜLLER, Maximilian II., König von Bayern, Regensburg 1864.

sondern deren Anträge schriftlich entgegenzunehmen, unterschlägt er nicht, ebenso nicht die Angewohnheit, sich über alle Wissensbereiche Merk- und Lerntabellen anzulegen und diese mitzuführen. Als „Ordnungsfanatiker" hielt Maximilian II. an einer Tagesordnung starr fest, Unpünktlichkeit war ihm zuwider. Johann Caspar Bluntschli, der neben Riehl häufiger Gast des Königs war, schildert bei Regierungsantritt den Monarchen als jungen Mann „von wohlwollenden Vorsätzen, guter Bildung und einer gewissen, aber in kleinen Verhältnissen sich bewegenden Noblesse".[28] Zum Intellekt führt er aus: „Ich hatte Zweifel, dass er eine geniale Natur verstehen würde und ertragen könnte. Ich hatte das Gefühl, dass ich selber schon genötigt sei, mich im Gespräch sehr zu mässigen. Sein Vater war jedenfalls grösser angelegt. König Max glich eher einem hochgestellten Bürger". Oder an anderer Stelle: „Das Streben des Königs war edel und wohlwollend, er war auch für geistige Interessen empfänglich und förderte dieselben mit Liebe. Aber es fehlte die schöpferische Kraft und die männliche Willensenergie".[29] Nahezu gleich charakterisierte auch Riehl den bayerischen König: „König Max war ein rezeptives, kein schöpferisches Talent; ein gesund begabter, kein hochbegabter Geist. Sein Vater […] überragte ihn an sprühender, zündender Geisteskraft; der Sohn dagegen überragte den Vater in der Stetigkeit und Selbstzucht des Charakters".[30]

Krankheit

Ende Oktober 1831 setzen die Tagebücher und tagebuchähnlichen Aufzeichnungen ein.[31] Sie stellen ein Zeugnis menschlicher Selbstprüfung dar. Allabendlich legte sich Max bis zu sechzehn Fragen vor,

---

[28] Denkwürdiges aus meinem Leben von J. C. BLUNTSCHLI. Zweiter Teil, Erste Hälfte, Nördlingen 1884, 69.
[29] BLUNTSCHLI, Denkwürdiges aus meinem Leben, 241.
[30] RIEHL, Charakterköpfe, 184.
[31] Hans RALL, Menschliche Selbstprüfung eines Königs. Ein Beitrag zur Geschichte der katholischen Fürstenerziehung und zum Lebensbild des Königs Max II. von Bayern, in: Adolf Wilhelm ZIEGLER (Hg.), Monachium, München 1958, 180–190.

die er gewissenhaft beantwortete, etwa zum Gesundheitszustand, zur inneren und äußeren Ruhe, zur Sprachstörung (wohl Poltern), zur religiösen Praxis, zum Verhalten gegen andere usw. Auffällig ist die regelmäßige Frage nach dem Gesundheitszustand, die nur bei einem gesundheitlich Anfälligen oder chronisch Kranken einen Sinn macht. Seit der Reise nach Österreich und Ungarn im Jahre 1835 plagten den Kronprinzen starke Kopfschmerzen (Migräne?). Seine Religiosität erleichterte ihm das geduldige Ertragen. Die chronischen Kopfschmerzen beeinträchtigten mit zunehmendem Alter den König physisch und psychisch, sie lähmten seine Entschlusskraft, was schon den Zeitgenossen auffiel. Venanz Müller machte ein „Nervenleiden" für die „Langsamkeit im geistigen Erfassen", für die „merkliche Unentschlossenheit in der Initiative" verantwortlich.[32] Über die Ursachen dieses Leidens wurde vielfach gerätselt. Der amtliche Sektionsbefund von 1864 führte sie auf einen „chronisch-entzündlichen Zustande der die Knochen des Schädelgewölbes ernährenden Häute" zurück.[33] Es lag wohl eine chronische Hirnhautentzündung vor.

Selbstreflexion

Ein Jahr vor seinem Tod, 1863, verfasste der König eine Selbstreflexion über sein Tun, ein beredtes Zeugnis einer mit sich selbst ringenden Persönlichkeit:

> „So glaube ich wirklich den guten und reinen Willen zu besitzen das Rechte zu erkennen und zu thun, wenigstens redlich darnach gestrebt zu haben; auch glaube ich mit den einem Regenten nöthigen Eigenschaften in zufriedenstellendem Grad ausgerüstet zu seyn, das erforderliche Talent, Energie und Zähigkeit, die nöthige

---

[32] HAUS DER BAYER. GESCHICHTE (Hg.), König Maximilian II. von Bayern 1848–1864, Rosenheim 1988 (Redaktion: Rainer A. Müller), 235.
[33] Ludwig HAUFF, Leben und Wirken Maximilian II. König's von Bayern, München 2. Aufl. 1864, 35.

Arbeitskraft und Arbeitslust zu besitzen, auch habe ich mich bisher ernstlich bemüht, diese Fähigkeiten auszubilden und die Auswüchse und Schattenseiten meiner Anlagen zu verbessern, meine Phantasie und das Bestreben alles gut machen zu wollen, zu zügeln und einzudämmen; nicht zu ängstlich und zu sorgsam zu sein. [...] Man könnte den Einwurf machen, dass die Leiden, welche mich in meiner Jugendzeit betrafen, meiner Gesundheit und mittelbar dadurch auch meiner Regententhätigkeit, der Frische und dem muthigen Selbstvertrauen, Eintrag gethan. Dagegen läßt sich aber mit Grund sagen, daß jene Leiden den Flug meiner Phantasie und meinen Begehrungstrieb gemäßigt, mich biegsam gemacht: und mich Geduld gelehrt haben, was gerade für die Verhältnisse meiner Regierungsperiode nöthig und ersprießlich war."[34]

Jedes Charakterbild Maximilians II. steht im Schatten des übermächtigen Vaters, an dem der König gemessen wird. Dies verzerrt das Bild des Sohnes zu dessen Ungunsten. Auch sein unglücklicher Sohn Ludwig II. überstrahlt ihn als Bauherr und sogenannter „Märchenkönig". Alles in allem ringt er uns Respekt, aber keine Bewunderung ab. Er führte Bayern mit unterschiedlichem Erfolg durch stürmische See. Ihm waren nicht wie seinem Vater die ruhigen Jahre der Biedermeierzeit vergönnt gewesen.

Das Feld der Innenpolitik

Am 19./20. März 1848 legte der 61-jährige Ludwig I. die Krone Bayerns zugunsten seines ältesten Sohnes Kronprinz Maximilian nieder. Wie fühlte sich der 36-jährige Monarch selbst, der seinen Untertanen „Recht und gesetzmäßige Freiheit" versprach? Königin Marie äußerte im Rückblick: „In dieser Zeit König zu werden, das war eine schwere, schwere Aufgabe, eine harte Last, die der Herr meinem armen König

---

[34] Zitat aus DOEBERL, Entwicklungsgeschichte 3, 354 f.

auferlegte; aber er trägt sie im Glauben, im kindlichen Vertrauen zu IHM. ER wird ihm helfen".[35] Im Dezember 1848 schrieb Max II. an den Vater:

> „Sie wissen, lieber Vater, unter welchen Umständen ich den Thron bestieg, welchen Zustand der Dinge sich befunden; der Boden schwankte unter meinen Füßen, alle Bande der Ordnung waren gelockert. Diese schwere Last übernahm ich mit leidender Gesundheit, [...]; ich übernahm sie auf Gott vertrauend und auf meinen redlichen Willen. Wenige oder besser keine Freuden wurden mir bisher zuteil; eine Dornenkrone ist es, die ich trage. Durch diese täglichen Körper- und Seelenleiden erscheint sie mir oft eine unerträgliche Bürde."[36]

Anders als sein ehrgeiziger, nach großen Taten dürstender Vater hatte der Kronprinz nicht auf eine politische Betätigung gedrängt. So kam für ihn die Regierungsübernahme unvorbereitet und überraschend.

Ausgangslage: Revolution 1848/1849

Welche politische Lage fand Maximilian II. am 20. März 1848 vor? Im Rückblick hielt der König in seinen fragmentarisch gebliebenen Erinnerungen dazu fest: „Die Schwierigkeiten, die ich vorfinde, sind folgende: das Ansehen der Regierung und des Königthums geschwächt, das Volk gewöhnt an ungesetzlichen Widerstand, das Heer in ungenügender Verfassung; [...] Durch die Proklamation vom 6ten März [1848] war die Krone mehrerer ihrer wichtigsten Rechte beraubt, das monarchische Prinzip erschüttert; dieses Zugeständniß enthielt den Keim zu noch größerer Schwächung derselben. [...] Ich besaß keine Widerstandsmittel, keine verlässigen, treu monarchischen Minister,

---

[35] Zitat bei SCHAD, Bayerns Königinnen, 197.
[36] Eugen FRANZ, König Max II. von Bayern und seine geheimen politischen Berater, in: Zeitschrift für bayerische Landesgeschichte 5 (1932) 219–247, Zitat 247.

keine Erfahrung in den Regierungsgeschäften, denen ich immer ferne gehalten […]".[37] Dieses aufschlussreiche Zitat stammt nicht von 1848, sondern aus dem Jahr 1863! Noch nach fünfzehn Jahren bedauerte der König, dass sein Vater am 6. März 1848 in der sogenannten „März-Proklamation" ein verbessertes, demokratischeres Wahlrecht, die vollständige Pressefreiheit, die Ministerverantwortlichkeit gegenüber dem Landtag, die Vereidigung des Heeres auf die Verfassung und die Öffentlichkeit und Mündlichkeit der Rechtsprechung versprochen hatte. Vor uns steht nicht nur ein konservativer, über seine angestammten Rechte wachender, sondern ein reaktionärer Herrscher. Sein im ersten Landtag gesprochenes Wort „Ich bin stolz, Mich einen konstitutionellen König zu nennen" war ein reines Lippenbekenntnis! Dafür sprechen der innenpolitische Reaktionskurs bis 1859 und viele seiner Feststellungen in den Memoiren. Alles, was 1848/1849 zugestanden worden war, geschah unter dem Zwang der Umstände und der liberalen Minister. So der König: „Zwang wurde mir angetan, bitterer Zwang".[38] Letztendlich wollte er den Kurs seines Vaters fortsetzen, was aber nach 1848/1849 nicht mehr möglich war.

Programm?

Besaß der Monarch abgesehen von reaktionären Zielen ein innenpolitisches Programm? Dem Dichter Paul Heyse gestand Max, „daß es sein Ehrgeiz sei, wie König Ludwig I. sich durch die Kunst Ruhm und ein Verdienst um sein Volk erworben habe, nun seinerseits durch die Förderung der Wissenschaften sich in gleicher Weise einen Namen zu machen".[39] Innenpolitisch ging es dem Monarchen nicht nur um die Bewahrung des monarchischen Prinzips, sondern auch um Machtausdehnung, um die Rückgängigmachung der erzwungenen politischen

---

[37] Achim SING, Die Memoiren König Maximilians II. von Bayern 1848–1864, München 1997, 153.
[38] SING, Die Memoiren König Maximilians II., 160.
[39] Paul HEYSE, Gesammelte Werke. Dritte Reihe, Band 1, Stuttgart o. J., 241.

Zugeständnisse von 1848/1849. Max II. hätte an der Stelle des Vaters während der Märztage 1848 anders gehandelt. So äußerte er in der Rückschau: „Hat eine Regierung durch begangene Fehler, Ungesetzlichkeiten hervorgerufen, so muß sie dieselben dennoch mit Macht unterdrücken, dann soll sie bessern was nöthig, nicht umgekehrt".[40] Dies waren keine leeren Worte. Als im Mai 1849 in der Pfalz zunächst zum zivilen Ungehorsam und schließlich zum Abfall von Bayern aufgerufen wurde, ließ der König durch Preußen den Aufstand niederschlagen.

Als außenpolitische Ziele formulierte er im Rückblick 1. die Behauptung der bisherigen Stellung Bayerns in Deutschland, 2. eine führende Rolle „an der Spitze Süddeutschlands und der Staaten zweiten und dritten Ranges"[41], 3. eine eigene bayerische Deutschlandpolitik und 4. in Anlehnung an sein innenpolitisches Ziel „In allen Guten, Schönen, Zeitgemäßem Deutschland voranzuleuchten".

Aufgrund eines unentschlossenen Naturells gestaltete sich die königliche Willensbildung aber als recht schwierig. Seine ursprüngliche Meinung wurde von den Anträgen und Stellungnahmen der Minister und der „geheimen politischen Berater" gestützt, modifiziert oder korrigiert. Zu diesen, vom Außenminister Ludwig Freiherr von der Pfordten (Amtszeit 1849–1859)[42] bekämpften Beratern gehörten der ehemalige katholisch-reaktionäre Innenminister Karl von Abel[43] und die kleindeutsch-preußisch gesinnten Geschichtsprofessoren wie von 1848 bis 1855 Wilhelm von Doenniges[44] und von 1856 bis 1861 Heinrich von Sybel.[45] Der Gutachterkreis reichte aber darüber hinaus und um-

---

[40] Manfred HANISCH, Für Fürst und Vaterland, München 1991, 84.
[41] HANISCH, Für Fürst und Vaterland, 90. – Folgendes Zitat ebd.
[42] Eugen FRANZ, Ludwig Freiherr von der Pfordten, München 1938.
[43] Heinz GOLLWITZER, Ein Staatsmann des Vormärz: Karl von Abel 1788–1859, München 1993.
[44] Katharina WEIGAND, Ein intelligentes, aber intrigantes „Nordlicht". Der königliche Berater Wilhelm von Doenniges (1814–1872), in: LEUTHEUSSER / NÖTH, 44–54.
[45] Volker DOTTERWEICH, Heinrich von Sybel. Geschichtswissenschaft in politischer Absicht (1817–1861), Göttingen 1978; knapp Hans-Michael KÖRNER, „Sein Ruhm hatte keinen langen Atem". Der Historiker Heinrich von Sybel (1817–1895), in: LEUTHEUSSER / NÖTH, 105–116.

fasste weitere, zumeist nichtbayerische Persönlichkeiten wie den Historiker Leopold von Ranke, den Staatsrechtler Johann Caspar Bluntschli oder den Volkskundler Wilhelm Heinrich Riehl. Diese Gutachtertätigkeit zeigte Vor- und Nachteile: Sie bot zwar die Chance, richtige Schlüsse zu ziehen, in vielen Fällen aber verstärkte sie durch grundverschiedene Urteile die Ratlosigkeit, was die königlichen Entscheidungen eher erschwerte.

In diesem Zusammenhang suchte Max II. bei seinen politischen Gutachtern eine Antwort auf die Frage „Auf welche Klassen sich zu stützen?"[46] Von den Gutachtern Karl von Abel, Wilhelm Heinrich Riehl, Ludwig von der Pfordten und Friedrich Rohmer glaubte nur der letzte, dass im sozialen Volkskönigtum die Zukunft der Monarchie läge. Abel empfahl Adel und Klerus, Riehl die Bauern und Pfordten das Bürgertum als Stützen der Monarchie. Dieser Meinung war auch der König selbst. Die Monarchie stützten „der verlässige Theil der Bürger, namentlich in München", „der Land- und Klosterklerus", „das Heer und die Beamten", „der Adel", „die einflußreiche Intelligenz" und zuletzt die Bauern unter Führung des Landadels. Der Proletarier kommt bei Max II. nicht vor. Klar war aber dem König die Anfälligkeit des Proletariats für Kommunismus und Sozialismus, was soziale Reformen erforderte.

Reformgesetzgebung 1848/1849

Dem König war die gesetzliche Erfüllung der Märzproklamation des Vaters zutiefst zuwider, sie musste ihm vom liberalen Innenminister Gottlieb Freiherr von Thon-Dittmer[47] unter Druck abgerungen werden. Am 4. Juni 1848 wurden neben anderen von der Regierung vorgelegten Gesetzen sechs weitere verabschiedet, die seit Jahrzehnten

---

[46] HANISCH, Für Fürst und Vaterland, 109–132, Zitat 131.
[47] Ursula FINKEN, Gottlieb Freiherr von Thon-Dittmer 1802–1853, Kallmünz 1990.

von der Kammer der Abgeordneten des Landtags von Ludwig I. ohne Erfolg verlangt worden waren.[48]

Durch das „Gesetz die ständische Initiative betreffend"[49] erhielt der Landtag, die Kammer der Abgeordneten und die Kammer der Reichsräte, erstmals das Initiativrecht für Gesetze, soweit sie keine Verfassungsgesetze waren. Ausgenommen blieben die Stellung des Königs, die Thronfolge, die Reichsverwesung und weitere, das monarchische Prinzip betreffende Materien. Gesetzeskraft verlieh nach wie vor erst die Unterschrift des Königs.

Das „Gesetz die Verantwortlichkeit der Minister betreffend"[50] lockerte zwar die Abhängigkeit vom König, machte den Minister aber aufgrund des parlamentarischen Ministeranklagerechtes vom Landtag abhängiger. Ohne Gegenzeichnung des Ministers durfte künftig keine königliche Entschließung, durfte kein Gesetz vollzogen werden! Der König berief und entließ aber weiterhin nach Gutdünken seine Minister unabhängig vom Landtag.

Einen echten Fortschritt stellte das neue Wahlgesetz für die Abgeordneten dar.[51] Es wurde das allgemeine und indirekte Wahlrecht für alle über 25-jährigen Männer unabhängig von Herkunft, Beruf und Religion, aber gebunden an die Leistung einer direkten Steuer, eingeführt. Es galt bis 1905.

Erst mit dem „Gesetz die Aufhebung der standes- und gutsherrlichen Gerichtsbarkeit, die Aufhebung, Fixierung und Ablösung von Grundlasten betreffend"[52] kam die unter Minister Maximilian von Montgelas begonnene Agrarreform und Bauernbefreiung zum endgültigen Abschluss. Das Zeitalter des Feudalismus wurde zu Grabe getragen. Der Adel verlor seine niedere Gerichtsbarkeit. Entschädigungslos

---

[48] Zeitgenössische Würdigung: Bayerns innere Reform unter König Max dem Zweiten, München 1862.
[49] DOEBERL, Entwicklungsgeschichte 3, 177; HESSE, Gesetzgeber, 74–77.
[50] DOEBERL, Entwicklungsgeschichte 3, 178 f.; HESSE, Gesetzgeber, 77 f.
[51] DOEBERL, Entwicklungsgeschichte 3, 176; HESSE, Gesetzgeber, 70–74.
[52] DOEBERL, Entwicklungsgeschichte 3, 185; HESSE, Gesetzgeber, 83–89.

verschwanden auch die Naturalfrondienste, das alte Besthaupt, der Blutzehn und alle sonstigen, nicht am Boden haftenden Leistungen. Alle Bauern wurden erstmals wirkliche Eigentümer, die auf Grund und Boden liegenden traditionellen Abgaben wandelte man in ablösbare Bodenzinsen um.

Das Versprechen Ludwigs I., die vollständige Pressefreiheit zuzulassen, erfüllte das „Edikt über die Freiheit der Presse und des Buchhandels",[53] das die Vor- und Nachzensur beseitigte und staatliche Eingriffe nur bei Verstößen gegen die Strafgesetze zuließ. 1850 kam es jedoch zu erneuten Beschränkungen durch das „Gesetz zum Schutz gegen den Missbrauch der Presse", ein deutliches Zeichen des neuen, reaktionären Kurses.

Der neue Geist offenbarte sich auch in der Verwirklichung des sogenannten Grundlagengesetzes vom 5. Juni 1848.[54] Es hob den privilegierten Gerichtsstand des Adels, der Geistlichkeit und der höheren Beamten auf, garantierte die Unabsetzbarkeit der Richter und versprach Reformen wie die öffentliche und mündliche Rechtsprechung, die Einrichtung von Schwurgerichten, die Trennung von Justiz und Verwaltung und die Organisation von Notariaten. Gesetzeskraft erhielten noch im gleichen Jahr die Öffentlichkeit und Mündlichkeit der Rechtsprechung und die Einführung des Schwurgerichts. Weiteres blockierte der König systematisch.

Reaktionspolitik des Königs

Die Trennung von Justiz und Verwaltung schob der König hinaus, obwohl sie im Nebenland der Pfalz schon seit der Franzosenzeit bestand. Er verweigerte kürzere Haushaltsperioden, die Revision des Gemeindeedikts von 1818 und die Reform der Reichsratskammer.

---

[53] DOEBERL, Entwicklungsgeschichte 3, 189–194; HESSE, Gesetzgeber, 79 f.
[54] HESSE, Gesetzgeber, 80–83.

Nachdem sich seit der Landtagswahl von 1849, die eine liberal-konservative Mehrheit brachte, die Innenpolitik zunächst wieder in ruhigeren Gewässern bewegte, stieg bei Max II. die Bereitschaft, die reformierte Verfassung zu brechen. Sein Ministerrat konnte sich trotz vieler Übereinstimmungen mit der reaktionären Ansicht des Königs nicht zu einem Versuch, die Verfassung zu ändern, durchringen, um nicht die parlamentarische und publizistische Opposition herauszufordern. Max II. gelang es immerhin, den im März 1848 vom Vater zugestandenen Eid der Soldaten auf die Verfassung zugunsten des Eids auf den König 1852 wieder abzuschaffen. Max II. entschloss sich schließlich 1859 nicht für den „Verfassungsbruch", für einen „Putsch von oben", sondern für die Entlassung des gesamten Ministerrats. Berühmt geworden ist sein Wort: „Ich will Frieden haben mit meinem Volke und mit den Kammern; deshalb habe ich das Ministerium entlassen".[55] Der reaktionäre Kurs, der Versuch eines persönlichen Regiments in Nachfolge seines Vaters, war gescheitert. Das Verhältnis zwischen neuer Regierung und Landtag entspannte sich, die Reformgesetzgebung wurde fortgesetzt. 1861 gelangte die Justizreform zum Abschluss.[56] Justiz und Verwaltung wurden auf Landgerichtsebene (= Landkreis) getrennt. Es entstanden für die staatliche Verwaltung 142 Bezirksämter als Vorläufer unserer Landratsämter neben 250 Landgerichten (= Amtsgerichte) und schließlich Notariate für die freiwillige Gerichtsbarkeit. Ein Strafgesetzbuch und ein Polizeistrafgesetzbuch traten in Kraft. In einer Thronrede versprach Max II. 1863 weitere Reformen wie die Gewerbefreiheit, eine neue Gemeindeordnung und Verbesserungen in der Armenpflege und beim Heimatrecht. Dazu ist es während seiner Regierungszeit nicht mehr gekommen, sondern erst unter seinem Sohn und Nachfolger Ludwig II.

---

[55] DOEBERL, Entwicklungsgeschichte 3, 285.
[56] HESSE, Gesetzgeber, 150–161; Eberhard WEIS, Die Trennung zwischen Justiz und Verwaltung bei den bayerischen Unterbehörden, in: Zeitschrift für bayerische Landesgeschichte 50 (1987) 749–766.

Sozialpolitik?

Schon im November 1848 stellte der König die Preisfrage „Durch welche Mittel kann der materiellen Noth der untern Klassen der Bevölkerung Deutschlands und insonderheit Bayerns am zweckmäßigsten und nachhaltigsten abgeholfen werden?" 656 Gutachten, darunter 547 aus Bayern, gingen ein.[57] Aus 174 Denkschriften stellte eine Regierungskommission für den König einen regierungsgenehmen Bericht zusammen. Dieser bekannte, kein „Universal-Heilmittel" zu wissen, schlug aber als notwendige Maßnahmen vor, 1. die „Beseitigung des religiösen Verfalles und Hebung der Sittlichkeit" vor allem durch eine verbesserte Schulerziehung, 2. die „Reform der Armengesetzgebung und der Armenpflege", 3. die Inanspruchnahme der Kirche, 4. die „Vorsorge für Arbeit", 5. die Förderung der „Agricultur als erste Grundlage des Nationalwohlstandes", 6. die „Beförderung" des Bergbaues, des Hüttenwesens, des Gewerbes, des Handels und Verkehrs, 7. eine „verbesserte Gemeinde-Ordnung", 8. die „Revision der gesetzlichen Bestimmungen über Heimath und Ansäßigmachung", 9. eine verbesserte Rechts-Pflege, 10. die „consequent durchgeführte allgemeine Wehrpflicht" und schließlich 11. die „Aufstellung einer […] Behörde zur Ergründung des Nothstandes und der erhobenen Beschwerden". Trotz der vorliegenden Analyse wurden bis zum Tod des Königs seitens des Staates keine oder nur halbherzige Konsequenzen gezogen. Zu einer Sozialpolitik im Sinne einer staatlich-öffentlichen Fürsorge kam es in Bayern nicht, obwohl Max II. die Notwendigkeit erkannte.

Die Probleme lagen in den rigiden Ehebeschränkungen, was zur Auswanderung zwang, in den Niedriglöhnen, in der Frauen- und

---

[57] Zu den Gutachten vgl. Jutta SEITZ, „Wie ist der materiellen Noth der unteren Klassen abzuhelfen?" Eine sozialhistorische Quelle zu Problemen der Industrialisierung in Bayern im 19. Jahrhundert, in: Aufbruch ins Industriezeitalter. Band 1: Linien der Entwicklungsgeschichte, hg. von Claus GRIMM, München 1985, 156–168. Auszüge aus der für den König bestimmten Zusammenfassung in: Aufbruch ins Industriezeitalter. Band 3: Quellen zur Wirtschafts- und Sozialgeschichte Bayerns, hg. v. Konrad von ZWEHL, München 1985, 220–226, Zitate ebd.

Kinderarbeit mit bis zu 14-stündigen Arbeitszeiten, in den ungenügenden Wohnverhältnissen und in der fehlenden Krankheits- und Altersvorsorge. Es kam lediglich zu zahlreichen, vom König angeregten Einzelmaßnahmen, die Respekt und Anerkennung verdienen.[58] Dazu zählte besonders 1853 die Gründung des zentralen, sich auf private Wohltätigkeit stützenden St. Johannis-Verein, wozu Max II. 30.000 Gulden stiftete. Drei Jahre später gab es 624 Zweigvereine mit über 60.000 Mitgliedern. Sie kümmerten sich um die „Hebung und Befestigung des Familienlebens der Armen", um „Suppenanstalten", Wärmestuben und Kleiderspenden, um den Schulbesuch armer Kinder, um Waisen, Kindergärten, Armenwohnungen, Krankenvereine oder um Sparvereine für Arbeiter und Gesellen. Aus seinem Gehalt stiftete der König jährlich 140.000 bis 160.000 Gulden für wohltätige Zwecke, die Zuschüsse für wissenschaftliche Zwecke lagen mit 30.000 bis 40.000 Gulden deutlich niedriger.[59]

„Nordlichter" und Symposien

Der Dichter Paul Heyse überliefert in seinen Erinnerungen die Absicht Max' II., sich „durch die Förderung der Wissenschaften [...] in gleicher Weise einen Namen zu machen"[60] wie Ludwig I. in der Kunst. Der Monarch glaubte im Unterschied zu seinem Vater, dass die „Erzeugnisse der Wissenschaft" auf Dauer „jene der Kunst" übertreffen, „wenn auch die Denkmäler der Kunst für den Augenblick mehr Bewunderung erwerben".[61] Die Förderung der Wissenschaft[62] sollte Bayern geistig und sittlich auf eine Zivilisationshöhe heben, damit das Land „auf ferne Zeiten hin berühmt"[63] werde. Der Historiker Leopold von

---

58 Günther MÜLLER, König Max II. und die soziale Frage, München 1964, 59–73.
59 Zahlen bei Andreas KRAUS, Ringen um kirchliche Freiheit, 170 und 172.
60 HEYSE, Gesammelte Werke, 241.
61 HANISCH, Für Fürst und Vaterland, 322.
62 Zum Ganzen vgl. noch immer DOEBERL, Entwicklungsgeschichte 3, 288–352; zuletzt: SING, Wissenschaftspolitik Maximilians II.
63 DOEBERL, Entwicklungsgeschichte 3, 291.

Ranke konstatierte, dass Max II. „seine Bayern nicht zurückbleiben" lassen wollte „hinter den andern Deutschen".[64] Als Vorbild stand ihm in allem Preußen vor Augen. Aus Preußen und Norddeutschland berief der König deshalb mit Vorliebe protestantische Gelehrte, Dichter und Schriftsteller, die sogenannten „Berufenen" oder „Nordlichter", was ihm viel zeitgenössische Kritik einbrachte. Hinter den Berufenen stand vor allem Wilhelm von Doenniges, der sich deshalb heftigsten Angriffen ausgesetzt sah. Die „altbayerische Opposition"[65] gegenüber den Fremden, denen man eine „Entbayerung", „Dekatholisierung" und „Verpreußung" unterstellte, fand ihr Sprachrohr in der *Augsburger Postzeitung*, in den *Historisch-Politischen Blättern* oder im *Münchner Punsch*. Für Felix Dahn sprach aus der Opposition der Zurückgesetzten „die ganze dumpfe Wut der Schwarzen und verranntesten Alt-Baiern", der „feindlichen Ultramontanen oder Ultra-Bajuvaren".[66] Ihre Motive seien „Brodneid, Mißgunst, Vorurtheil, Selbstüberschätzung, dumpfe Verranntheit und Roheit" gewesen, die sich „mit dem ultramontanen Haß gegen die Protestantische Bildung und mit dem particularistischen Haß der äußersten Blauweißen wider das Preußenthum der meisten Berufenen" richteten. Einer der Betroffenen, Wilhelm von Doenniges, stellte im Rückblick selbstkritisch fest, dass die Gelehrten „in München eine falsche Position […] erhalten" hätten, weil „sie von S. Majestät zu Fragen über die Tagespolitik herangezogen"[67] worden wären. Der König verkehrte mit diesem Kreis der „Berufenen" auch privat. Er lud sie zu abendlichen Symposien mehrmals die Woche in die Residenz ein, zunächst Dichter und Schriftsteller, später eher Gelehrte und Wissenschaftler. Der Dichter Paul Heyse schreibt dazu in seinen Erinnerungen:

---

[64] HANISCH, Für Fürst und Vaterland, 64.
[65] Zur Kritik an den Nordlichtern vgl. auch DOEBERL, Entwicklungsgeschichte 3, 326–331.
[66] Zitat und folgende bei Rüdiger vom BRUCH / Rainer A. MÜLLER (Hg.), Erlebte und gelebte Universität. Die Universität München im 19. und 20. Jahrhundert, Pfaffenhofen a. d. Ilm 1986, 108 f.
[67] DOEBERL, Entwicklungsgeschichte 3, 331.

„Mehr und mehr wurde es Brauch, daß in der ersten Stunde ein wissenschaftliches Thema aus den verschiedensten Gebieten durchgesprochen wurde, ein naturwissenschaftliches oder ästhetische und literarhistorische, dann vorwiegend soziale und völkerpsychologische Probleme. Hierauf erhob sich der König und ging in das Billiardzimmer voran, wo eine Partie Boule gespielt wurde, während deren er einen oder den anderen in eine Fensternische zog und mit ihm besprach, was im Augenblicke ihn beschäftigte. War dies beendet, so verfügte man sich wieder an den langen Tisch und nun hatten die Dichter das Wort, […]. Was diesen Abenden einen besonderen Reiz und Wert verlieh, war die unbedingte Redefreiheit."[68]

Gesprochen wurde über „Gesellschaft, Religion, Stand der Wissenschaften in einem Lande, […] Volk, Stamm, Nation und Staat in Vergangenheit und Gegenwart in allen bedeutenderen Ländern",[69] aber nicht über aktuelle Politik. Die darüber für den König angefertigten Aufzeichnungen sind zum überwiegenden Teil erhalten, aber leider unveröffentlicht geblieben.

Regelmäßig erschienen, wie Ludwig Thoma in Anschluss an Riehl in seinem Essay aufführt, ohne aber auf die Berufe einzugehen, die Dichter Emmanuel Geibel (1815–1884), Paul Heyse (1830–1914), Friedrich Martin von Bodenstedt (1819–1892), Adolf Friedrich Graf von Schack (1815–1894) und der bayerische Mineraloge und Dialektdichter Franz Ritter von Kobell (1803–1882). Sie bildeten zusammen den Dichterkreis der „Krokodile".[70] Gelehrte, Wissenschaftler und Universitätsprofessoren waren der Historiker Wilhelm von Doenniges (1814–1872), den Ludwig Thoma in seiner Aufzählung nicht erwähnt,[71] der Staatsrechtler Johann Kaspar Bluntschli (1808–1881),

---

[68] HEYSE, Gesammelte Werke, 223.
[69] Hans RALL, Die Symposien Maximilians II., in: HAUS DER BAYERISCHEN GESCHICHTE (Hg.), Maximilian II., 63–70, Zitat 67.
[70] Zum Dichterkreis der „Krokodile" vgl. Johannes MAHR (Hg.), Die Krokodile. Ein Münchner Dichterkreis, Stuttgart 1987.
[71] THOMA, Vom König Max II., in: Gesammelte Werke, 326.

der Chemiker Justus von Liebig (1803–1873), der Begründer der Volkskunde Wilhelm Heinrich Riehl (1823–1897), der Anatom Theodor Ludwig Wilhelm Bischoff (1807–1882), der Physiker Philipp von Jolly (1809–1884), der Philologe und Pädagoge Friedrich Wilhelm Thiersch (1784–1860), der Historiker Heinrich von Sybel (1817–1895) und der Philosoph und Kunsthistoriker Moritz Carriere (1817–1895). Daneben bat der König von Fall zu Fall auch Architekten wie Leo von Klenze (1784–1864) und bildende Künstler wie Wilhelm von Kaulbach (1805–1874) und Karl Theodor von Piloty (1826–1886) zu seinen Symposien hinzu. Juristen waren Karl Friedrich Dollmann (1811–1867) und Bernhard Windscheid (1817–1892). Es war allerdings nicht so, dass nur Nichtbayern eingeladen worden wären: Gelehrte wie die Ärzte Johann Nepomuk Ringseis (1785–1880) und Franz Xaver von Gietl (1803–1888), Leibarzt des Königs, der Pharmazeut und Hygieniker Max von Pettenkofer (1818–1901) oder der Nationalökonom Friedrich Benedikt von Hermann (1795–1868) gehörten gleichfalls zum Kreis der aus dem Bürgertum stammenden Auserwählten. Auch der Schriftsteller, Zeichner und Komponist Franz Graf von Pocci (1807–1876), bekannt als „Kasperlgraf", fehlte ebenso wenig wie Franz von Löher (1818–1892), der Sekretär des Königs und Protokollant.

Wissenschaft

Mit Heinrich von Sybel zog die kritische Geschichtswissenschaft Leopold von Rankes in den bayerischen Universitäten ein. In München gründete Sybel, 1856 berufen, das Historische Seminar und die *Historische Zeitschrift*, die bis heute ein führendes Organ der deutschen Geschichtswissenschaft geblieben ist. Max II. rief 1858 die Historische Kommission bei der Bayerischen Akademie der Wissenschaften ins Leben, deren erster Präsident Leopold von Ranke hieß. Die Kommission begann ihre Arbeit mit der Herausgabe der *Jahrbücher des Deutschen Reiches*, der *Deutschen Reichstagsakten* und der *Chroniken der deutschen Städte*. Die *Historische Zeitschrift* und die Historische Kommission dienten in erster Linie der gesamtdeutschen historischen Forschung. Dem König ging es aber mehr um die bayerische Nationalgeschichte, weshalb er eine Vielzahl von Projekten zur Landesgeschichte Bayerns anregte. Manches gelangte über das Anfangsstadium nicht hinaus, vieles blieb unvollendet. Dafür ein Beispiel: 1854 forderte Max II. über seinen Kabinettssekretär Franz Seraph von Pfistermeister die historischen Vereine zur Abfassung topographischer Geschichten „der vorzüglicheren Städte" auf.[72] Der Historische Verein von und für Oberbayern wollte 21 Städte bearbeiten lassen, verwirklicht wurden nur Beschreibungen von Aichach, Rain am Lech, Reichenhall, Traunstein, Wasserburg und Laufen.

1854 holte Max II. den Kulturhistoriker Wilhelm Heinrich Riehl nach München.[73] Riehl begründete die moderne Volks- und Landeskunde, aber auch die Musikgeschichte. Im Auftrag des Königs redigierte Riehl zusammen mit Felix Dahn die vierbändige Sammlung *Bavaria. Landes- und Volkskunde des Königreichs Bayern*.[74] Das Werk behandelt die Geologie, das Klima, die Kunst, die Volkskunde, die Landwirtschaft, Industrie, Gewerbe und Handel, die Schulgeschichte und die Geschichte der Landgerichte bzw. Bezirksämter der bayerischen Regierungsbezirke. In den Umkreis der *Bavaria* gehören auch die sogenannten Physikatsberichte, von 1858 bis 1861 erstellte, flächendeckende Beschreibungen der ländlichen Lebensverhältnisse, verfasst von den damaligen Landgerichtsärzten.[75]

---

[72] Brigitte SCHRÖDER, Die Initiative Max' des II. zur Stadtgeschichtsschreibung, in: Civitatum Communitas. Festschrift Heinz Stoob zum 65. Geburtstag, Teil 1, Köln 1984, 417–455.

[73] Florian SIMHART, Wilhelm Heinrich Riehls „Wissenschaft vom Volke" als konzeptionelles Problem seiner Landes- und Volkskunde, in: Zeitschrift für bayerische Landesgeschichte 40 (1977) 445–500; Wilhelm Heinrich Riehl und die Volkskunde. Eine Diskussion, in: Jahrbuch für Volkskunde NF 2 (1979) passim; Jasper von ALTENBOCKUM, Wilhelm Heinrich Riehl: 1823–1897, Köln 1994.

[74] Gerda MÖHLER, Volkskunde in Bayern. Eine Skizze zur Wissenschaftsgeschichte, in: Edgar HARVOLK (Hg.), Wege der Volkskunde in Bayern. Ein Handbuch, München 1987, 9–46, hier 33–39.

[75] Vgl. dazu aus der zahlreichen Literatur Michael VÖLKER / Eberhard J. WORMER, Alltag und Lebenszyklus in Bayerisch-Schwaben, München 1991; Peter FASSL und

Max II. förderte neben der Geisteswissenschaft auch die Naturwissenschaft durch die Gründung einer naturwissenschaftlich-technischen Kommission bei der Akademie der Wissenschaften.[76] Gegenüber Friedrich von Schelling äußerte er einmal, „vorzüglich Physik, Chemie, Technik"[77] unterstützen zu wollen. Schelling pflichtete dem König bei, von der Unterstützung der Theologie, der Rechtswissenschaften und der Medizin riet er ab. Justus von Liebig kam 1852 auf ausdrücklichen Wunsch des Königs nach München. Der Pharmazeut und Chemiker war von Max Pettenkofer empfohlen worden, der als Professor für medizinische Chemie die moderne Hygiene begründete. Ihm verdankt die Menschheit die wichtigsten Beobachtungen zur Cholera. Ohne eigentliche Kenntnis des Erregers entdeckte er als Ursache der Masseninfektionen die Verunreinigung des Trinkwassers durch mangelnde Hygiene. Um 1850 litten in Mitteleuropa Städte mit unzureichender Kanalisation immer wieder unter Choleraepidemien.

Alles in allem: „Kein bayerischer Herrscher und kein deutscher Fürst des späteren neunzehnten und des zwanzigsten Jahrhunderts hat der Wissenschaft ein derartiges persönliches Verständnis entgegengebracht wie Max II."[78] Nach preußischem Vorbild stiftete der Monarch 1853 einen speziellen Gelehrten-Orden, den Maximilians-Orden für Wissenschaft und Kunst.[79]

Rolf KIESSLING (Hg.), Volksleben im 19. Jahrhundert. Studien zu den bayerischen Physikatsberichten und verwandten Quellen. Wolfgang Zorn zum 80. Geburtstag, Augsburg 2003 (mit einer Bibliographie der Editionen und ihrer Rezeption).

[76] Sylvia KRAUSS, „Wissenschaftlicher Charakter, praktische Tendenz". Die Gründung der naturwissenschaftlich-technischen Kommission, in: LEUTHEUSSER / NÖTH, 32–43 (mit Literatur).

[77] Zitat bei Laetitia BOEHM, Maximilian II. und die Geschichte, in: HAUS DER BAYERISCHEN GESCHICHTE (Hg.), Maximilian II., 255.

[78] Eberhard WEIS, Bayerns Beitrag zur Wissenschaftsentwicklung im 19. und 20. Jahrhundert, in: Max SPINDLER (Hg.), Handbuch der Bayerischen Geschichte. Vierter Band, Zweiter Teilband, München 1975, 1046 f.

[79] Hans KÖRNER, König Maximilian II. und der Maximilians-Orden für Wissenschaft und Kunst, in: HAUS DER BAYERISCHEN GESCHICHTE (Hg.), Maximilian II., 293–300.

Maximilianstraße und Maximilianeum

Am 21. April 1855 befasste sich ein Symposium im Beisein der „bedeutenderen Architekten Münchens" mit dem „Lieblingsgedanken des Königs, ob ein neuer Baustil zu schaffen sei"? Paul Heyse fährt fort: „Der Gedanke entsprach dem Wunsch, nicht ferner, wie König Ludwig getan, Bauwerke der verschiedensten Zeiten und Stile zu kopieren und sich eigner Erfindung zu enthalten, sondern es womöglich mit völlig neuen Formen zu versuchen". Obwohl keiner der Anwesenden, so Heyse weiter, „dem königlichen Wahn zu schmeicheln suchte, vielmehr einer nach dem andern die Unmöglichkeit eines aus dem Boden gestampften Baustils nachwies",[80] mochte sich der Monarch von diesem Gedanken, der sich bis in die Kronprinzenzeit zurückverfolgen lässt, nicht trennen. Sein Ideal war ein zeitgemäßer Baustil, der unter Verwendung moderner Materialien, wie Eisen und Glas, Zweckmäßigkeit mit Schönheit verband.[81] Als Kronprinz träumte er von einer 90 Fuß breiten „Straße vom Max-Joseph-Platze aus in gerader Richtung durch die St.-Anna-Vorstadt, über die Prater-Insel nach der jenseitigen Isaruferanhöhe" mit einer „Akropole" als Abschluss.[82] Mit dieser Aufgabe, die Planung der heutigen Maximilian-Straße, betraute der König 1851 Georg Christian Friedrich Bürklein, der entsprechende Musterfassaden entwarf. Max II. lehnte den schwerfälligen und strengen Klassizismus des Vaters ab, er wollte Elemente der antiken, mittelalterlichen und neuzeitlichen Baukunst zu einem „Mischstil" zusammenfügen, dabei bevorzugte er die englische Gotik der Tudor-Zeit. 1852 begann der Bau

---

[80] HEYSE, Gesammelte Werke, 224.
[81] August HAHN, Der Maximilianstil in München, München 1982; Gerhard HOJER, München – Maximilianstraße und Maximiliansstil, in: Ludwig GROTE (Hg.), Die deutsche Stadt im 19. Jahrhundert, München 1974, 33–66; Birgit-Verena KARNAPP, Die Architektur unter König Maximilian II., in: HAUS DER BAYERISCHEN GESCHICHTE (Hg.), Maximilian II., 237–246; Stefan FISCH, Stadtplanung im 19. Jahrhundert. Das Beispiel München bis zur Ära Theodor Fischer, München 1988; Winfried NERDINGER (Hg.), Zwischen Glaspalast und Maximilianeum. Architektur zur Zeit Maximilians II. 1848–1864, München 1997.
[82] KARNAPP, Die Architektur unter König Maximilian II., 240.

der Maximilianstraße, endgültig zum Abschluss gelangte sie erst 1875. Sie ist mit 1200 Metern gleich lang wie die Ludwigstraße. Die „öffentlichen Hauptbauten" sind das Gebäude der Regierung von Oberbayern und ihm gegenüber das ehemalige Bayerische Nationalmuseum, heute das Staatliche Museum Fünf Kontinente. Das Nationalmuseum sollte nicht nur „geschichtlich merkwürdiges aus dem bayerischen Fürstenhaus" sammeln, sondern als „eine wahrhafte National-Sammlung" auch alles „dem bayerischen Volke zunächst Eigentümliche".[83] Von 1857 bis 1874 zog sich der Bau des Maximilianeums (auch „Akropole, Athenäum") als alles überragender Abschluss der Straße hin.[84] Die ursprüngliche gotisch nachempfundene Spitzbogenarchitektur musste der Neurenaissance weichen, für Ludwig Thoma ist es in seinem Essay der „rätselhafte Bau des Maximilianeums".[85] Das Gebäude entstand als Internat für die besten Absolventen aller bayerischer Gymnasien, die Rechts- und Staatswissenschaften studieren und in den höheren Staatsdienst eintreten wollten. Seine Studienstiftung stattete der König mit einer Million Gulden aus, sie hat alle Kriege und Inflationen überstanden und beherbergt heute auch den Landtag.

Bayerisches Nationalgefühl

„Man muß dem Bayernvolke mit Rücksicht auf seine Vorbildung und Fassungskraft deutlich werden lassen, worin das Wesen des Bayernthums bestehe …"[86] Dieses Signat des Königs war Folge seines Strebens, durch die Pflege des Volksbrauchtums das bayerische (!) National-

---

83 Reinhard HEYDENREUTER, „Meinem Volk zu Ehr und Vorbild". König Maximilian II. und die Gründung des Bayerischen Nationalmuseums, in: HAUS DER BAYERISCHEN GESCHICHTE (Hg.), Maximilian II., 263–269, Zitat 266.
84 Lothar ALTMANN, Das Maximilianeum in München, Regensburg 2. Aufl. 2004; Peter Jakob KOCK, Das Maximilianeum, München 2008.
85 THOMA, Vom König Max II., in: Gesammelte Werke, 207.
86 Walter HARTINGER, „… liegt mir gleichwohl die Erhaltung der Volkstrachten sehr am Herzen". Maximilian II. und die Volkskultur in Bayern, in: HAUS DER BAYERISCHEN GESCHICHTE (Hg.), Maximilian II., 201–210, Zitat 206.

gefühl zu heben, und ein Gegengewicht zum deutschen Nationalgedanken und Nationalismus zu haben, was der deutschnationale Ludwig Thoma in seinem Essay nicht erkannte. Max II. kümmerte sich nicht nur um die Trachtenpflege und die wissenschaftliche Erforschung des Volkslebens, sondern auch um die Volksmusik, die Mundart, um Volksfeste, Volkssagen und um patriotische Vereine wie etwa die Schützenvereine. Liberale Kritiker plädierten dagegen für eine gute Verwaltung, für ein besseres Bildungswesen und für mehr Wohlstand als rechte Mittel, das bayerische Nationalbewusstsein zu fördern. Max II. war konservativ und reaktionär, dennoch darf ihm neben allen politischen Absichten ein echtes Interesse für die Volkskultur nicht abgesprochen werden. Darin aber ein „Verständnis als Bürgerkönig" oder eine „allmähliche Demokratisierung der politischen Landschaft"[87] zu sehen, geht am Selbstverständnis des Königs vorbei.

Nachruf

Alles in allem: Ludwig Thomas Essay über König Max II. überrascht. Warum? Der Monarch erscheint in der Volksmeinung bis heute von allen bayerischen Herrschern des 19. Jahrhunderts als am wenigsten populär.[88] Er war der Mann der Wissenschaft, der Repräsentant des sogenannten Bildungsbürgertums, kein Liebling der Volksmasse. Dreiviertel der knapp 4,8 Millionen Einwohner lebten am Ende seiner Regierungszeit 1864 noch auf dem Lande, hier erschien der Monarch als Oberhaupt des Staates, dem man Anhänglichkeit, Treue und Ehrfurcht, aber nicht unbedingt Liebe und Verehrung schenkte. Thoma sieht das im Vergleich zum Vater Ludwig I. ganz anders.[89] Des Königs anerkennenswertes soziales Engagement fand nur in kleinbürgerlich-

---

[87] HARTINGER, Volkskultur, 371.
[88] Zum Folgenden mit Einzelnachweisen vgl. Wilhelm LIEBHART, Maximilian II. und die Volksmeinung, in: HAUS DER BAYERISCHEN GESCHICHTE (Hg.), Maximilian II., 79–88.
[89] THOMA, Vom König Max II., in: Gesammelte Werke, 325.

städtischen Kreisen eine gewisse Resonanz. Die Volksmeinung zu mindestens Altbayern trägt ihm bis heute die Berufung der sogenannten protestantischen Dichter und Gelehrten, „Nordlichter" genannt, nach, obwohl man mittlerweile die moderne Weichenstellung des Königs anerkennt.

So merkwürdig es klingen mag, den Höhepunkt seiner Popularität erreichte Max durch seinen plötzlichen, „seltsamen und abenteuerlichsten Gerüchten über die Ursache"[90] Anlass gebenden Tod am 10. März 1864. Als offizielle Todesursache wurde „Rotlauf", wohl Blutvergiftung, festgestellt. Vielfach ist echte Trauer im Land bezeugt. Die zahlreichen Leichenpredigten und Trauerreden bemühten sich auf ihre Weise, die Volksmeinung über den Verstorbenen zum Ausdruck zu bringen. Sie gleichen sich, setzen durchaus aber unterschiedliche, mitunter kritische Akzente. Es kristallisieren sich zwei Punkte heraus, einmal die Kritik an der Reaktionszeit von 1849 bis 1859 und dann die an der Berufung der „Nordlichter". Auf Letztere ging auch Ignaz Döllinger am 15. März 1864 in der Theatinerkirche während des ersten Trauergottesdienstes in Gegenwart Ludwigs II. ein: „Wenn der König ausgezeichnete Gelehrte nach Bayern zog, wenn er besonders die Lehrstühle der hiesigen Universität mit hervorragenden, aus dem Ausland gerufenen Männern besetzte, so hat dieß zwar damals in weiten Kreisen Mißstimmung erregt, und war wohl die einzige unter seinen Maßregeln, über welche während einiger Zeit die Meinungen im Volke sehr geteilt waren".[91] Einer dieser Nordlichter, Justus von Liebig, war es, der dem König nachrühmte: „Nie hat fürwahr ein reineres Streben für das Glück seines Volkes das Herz eines Fürsten erfüllt".[92] Ludwig Thoma setzte ihm auf seine Weise ein historisch-literarisches Denkmal, das – warum auch immer – aber zeitlebens unveröffentlicht blieb.

---

[90] HAUFF, Leben und Wirken Maximilian II., 30.
[91] HAUFF, Leben und Wirken Maximilian II., 49.
[92] Zit. nach DIRRIGL, Maximilian II., Teil 2, 1618.

Ludwig Thomas Leben und Werk in Frankreich

Aspekte seiner Rezeption bis in die Gegenwart

Nicole Durot

Am 1. Januar 1920 schreibt Ludwig Thoma an seine Geliebte Maidi von Liebermann:

„Neben dem Ludwig, den Du kennst und nicht kennst, gibt's noch einen ernsteren, ders wirklich ehrlich mit der Arbeit meint und ders verdient, daß ihm später, wenns in Deutschland und Altbayern wieder heller ist, ein gutes Andenken gewahrt wird. Und der ernste Thoma schaut dem anderen Thoma über die Schulter und sagt: ‚Gib den Leuten ein gutes Stück Heimat'."[1]

Thomas Wunsch wurde erfüllt. Schon früh nach seinem Tod hat sich u. a. die Germanistik mit seinem Werk auseinandergesetzt.[2] Dieses Interesse sollte sich in den darauffolgenden Jahrzehnten sowohl für den Schriftsteller als auch für den Journalisten Thoma fortsetzen. Doch lag Thoma überhaupt etwas daran, Anerkennung zu finden? Und darüber hinaus: Konnte das „liebe Stück Heimat", das er literarisch vererben wollte, im nicht-deutschsprachigen Ausland auf Resonanz stoßen?

---

[1] Zit. nach Ludwig THOMA, Ein Leben in Briefen (1875–1921). Hg. v. Anton KELLER. München 1963, 409 [im Folgenden: LB].
[2] Als Beispiele seien hier die folgenden Dissertationen genannt: Eva CORNELIUS, Das epische und dramatische Schaffen Ludwig Thomas (1939); Anton PORHANSEL, Ludwig Thoma und seine bäuerlichen Romane (1937); Anna STARK, Die Bauern bei Ludwig Thoma mit besonderer Berücksichtigung der Dachauer Bauern (1937).

Die von ihm gewählten Gattungen, die behandelten Themen, die Handlungsorte, ja die verwendete Sprache seiner Gedichte, Stücke oder Prosawerke – konnten und können all diese Aspekte etwa eine französische Leserschaft immer noch ansprechen? Ziel dieser Untersuchung soll es sein, den Spuren von Thomas Werk und Person in Frankreich zu folgen. Dabei werden die Faktoren berücksichtigt, die dort zu einer positiven Rezeption beitragen oder als Hindernisse einer solchen Rezeption erscheinen, sei es zu Lebzeiten oder nach seinem Tode.

Thoma und Frankreich

Bevor die Rezeption von Thomas Werk und Biographie in Frankreich genauer betrachtet wird, soll zunächst sein Verhältnis zu Frankreich und einigen französischen Persönlichkeiten dargestellt werden. Er scheint in der Tat ein ambivalentes Verhältnis zur französischen Kultur gehabt zu haben. 1900 drückte er Dagny Langen seine begrenzte Bewunderung Voltaires aus.[3] In demselben Jahr riet er dem im Pariser Exil lebenden Verleger Albert Langen von einer französischen Ausgabe des Satireblattes *Simplicissimus* ab:

> „Die ‚französische' Ausgabe des S. halte ich für unrentabel und gefährlich. Das erstere, weil die auf deutsche Vorkommnisse, Ereignisse zugespitzte Satire wenig Verständnis finden wird […] Gefährlich ist Ihr Plan, weil *sofort* die ganze Gegnerschaft in Deutschl[and] über uns herfallen würde. Der Hinweis, daß wir den sog. Erbfeinden gegenüber heimische Verhältnisse lächerlich machen, um Geschäfte zu treiben, wäre geeignet, alles zu zerstören, was wir in der öffentl. Meinung mit vieler Mühe gewannen."[4]

---

[3] Brief an Dagny Langen vom 28.4.1900, LB 44: „Den Voltaire nehme ich nicht zum Muster, verzeihen Sie meinen Ungehorsam! Der spinngiftige Franzose war sehr geistreich, aber es liegt nicht die Spur von Männlichkeit in seinem Wesen. Eitel wie ein Affe, ungezogen wie zwei, hat er es über sich gebracht, zu lügen, zu heucheln u. sich treten zu lassen, bloß um gut zu leben. Hinterher hat er dann immer wieder geschimpft."
[4] Brief an Albert Langen vom 3.11.1900, LB 63 f.

Anfang Dezember 1900 wies er Langen auf Memoiren von Franzosen und Engländern hin, die der deutschen Übersetzung wert seien,[5] doch riet er ihm zweimal davon ab, französische Schriftsteller zu veröffentlichen.[6]

Von Frankreich selbst kannte er nur die Hauptstadt sowie bestimmte Persönlichkeiten aus dem politischen, literarischen oder künstlerischen Bereich. Im April 1902 verbrachte er mehrere Tage bei Langen in Paris. In seinem Dankesbrief äußert er sich höchst enthusiastisch: „Ich verdanke Ihnen eine ganze Reihe von schönen, oder besser, von glücklichen Tagen. Ich habe mich so unglaublich wohl und leicht gefühlt, und in Paris mit der Freude an der schönen Gegenwart die feste Zuversicht in mich selbst und mein künftiges Schaffen gewonnen. Herrgott, war das schön!"[7] Zu diesem gelungenen Aufenthalt mag auch die Bekanntschaft mit einigen Repräsentantinnen der ‚gent féminine' beigetragen haben. Und er begegnete Auguste Rodin; leider hielt er seine damaligen Pariser Erlebnisse und Eindrücke nicht in seinem Tagebuch fest. Allerdings scheint er über das Pariser Theaterleben gut informiert zu sein. Michel Dengg, der Anzengruber aufführen will, rät er, „eine kurze Erklärung auf dem Theaterzettel" zu drucken, denn „das geschieht z. B. in Paris bei jedem Stück".[8]

Als er sich im April 1911 erneut in Paris aufhielt, standen die Zeichen ganz anders: Inzwischen war der Verleger gestorben, die Melancholie und Unzufriedenheit, die auch durch die Trennung von seiner Frau Marion (im August 1910) verursacht war, sind deutlich aus den Briefen zu lesen.[9]

---

[5] Brief an Albert Langen vom 7.12.1900, LB 65 f.
[6] Brief an Albert Langen vom 22.4.1901, LB 76: „Davon abgesehen meine ich, die englische Literatur wird für Ihren Verlag unvergleichlich Besseres bieten, als die französische." – Ebenso Brief an Albert Langen vom 14.11.1901, LB 95: „Die Nordländer kriegen Sie doch zu allererst. Und was ist mit den Engländern? Ich habe das Empfinden, daß Sie in England und Amerika mehr Ausbeute fänden, wie in Frankreich."
[7] Brief an Albert Langen vom 22.4.1902, LB 117.
[8] Brief an Michel Dengg vom 1.11.1908, LB 211.
[9] Brief an Marion Thoma vom 17.4.1911, LB 232: „Mich interessiert dieses Leben hier gar nicht so sehr, und man wird faul und frißt zu viel. Die belles femmes

Ende 1912 verzichtete Thoma auf eine Pariser Reise mit Conrad Haußmann. Anlässlich dieses Aufenthaltes hätte er von dem Journalisten und Schriftsteller John Grand-Carteret (1850–1927) interviewt werden können, was ihn jedoch überhaupt nicht reizte: „Ich gehe nicht nach Paris, weil ich John Grand Carteret kenne. [...] Ein Journalist, mit allen Untugenden eines solchen. Die Sucht, von sich reden zu machen. [...] Wenn Mirbeau, A. France oder wer immer mich einlüde, zu einer Zeit, wo es ginge, ich käme. Aber Carteret? Seine Karte, die mir Dein Töchterlein übermittelte, ist charakteristisch."[10]

Worauf mag Thoma wohl anspielen, wenn er schreibt, er kenne John Grand-Carteret? Immerhin war der Franzose ein sehr guter Spezialist der Karikatur, doch heutzutage wird ihm seine nicht immer tadellose Arbeitsweise sowie seine nicht-wissenschaftliche Forschungsmethode vorgeworfen (so waren seine Quellenangaben ungenau und wenig zuverlässig, darüber hinaus hat er Quellen erfunden). Deshalb wird er auch ‚fumiste' (unseriös, Nichtsnutz) genannt.[11] Für Thoma, der genau und unermüdlich an seinen Texten feilte, könnte diese Tatsache eine Rolle gespielt haben. Möglicherweise liegt aber auch seine zu dieser Zeit schon spürbare Distanz zu Politik und damit auch zu der eigenen Profession zugrunde, denn er fügte hinzu:

> „Er [John Grand-Carteret, ND] stellte mir als beste Lockung vor Augen die *occasion d'être interviewé*. Mais: *Je ne veux pas être interviewé*. Bei dem Teufelszeug kommt nie etwas Gescheites heraus. Verstimmung in Deutschland über den Gschaftlhuber, Lächeln in Frankreich über den smarten deutschen Schriftsteller, der sich in Szene setzt. Nee! Im Übrigen, es handelt sich darum, daß die Franzosen endlich an die Friedfertigkeit und Kultur der

---

machen mir kein Herzklopfen; ich sehe vieles anders an als vor neun Jahren. Damals hat mir manches imponiert, über was ich heute lachen kann. Also gehe ich bald heim und rieche Heimatluft, wenn auch da nicht mehr alles so ist, wie es war."
[10] Brief an Conrad Haußmann vom 25.11.1912, LB 249.
[11] Vgl. Eintrag von Bertrand TILLIER über ‚GRAND-CARTERET, John' für das INHA (Institut National d'Histoire de l'Art) in Paris, https://www.inha.fr>publications.

deutschen Intellektuellen glauben. Die Überzeugung erhalten sie nicht aus einem Interview mit mir. Sie sollen kommen und lernen, wie wir kamen und lernten."[12]

Er befürchtete sowohl die Reaktion seiner Zeitgenossen in der Heimat als auch einen gewissen Spott vonseiten der Franzosen. Wie schon bei der verhinderten französischen Ausgabe des *Simplicissimus* ist auch diese Ablehnung in dem Licht zu deuten, dass er die Heimat nicht in ungünstigem Licht erscheinen lassen will. Diese Episode ist aufschlussreich, denn die erwähnte Ambivalenz hat sich patriotisch verengt.

Thomas Skrupel und Rat, man solle vorsichtig sein, was das Bild der Deutschen in Frankreich betrifft, muss mit den deutsch-französischen Verhältnissen der damaligen Zeit in Verbindung gebracht werden. Die Marokko-Krise im Frühjahr 1911 hatte die Spannungen innerhalb Europas vermehrt und einen heftigen Austausch auch in den Zeitungen (und deren Karikaturen) ausgelöst. John Grand-Carteret versammelte diese Beispiele in einem Buch.[13] 1912 wäre Thoma zwar als einer der bekanntesten Satiriker Deutschlands ein höchst erwünschter Gesprächspartner gewesen, doch fürchtete er die politischen Folgen – oder auch die Folgenlosigkeit.[14] Allerdings versäumte er durch die Ablehnung des Interviews die Gelegenheit, in Frankreich Fuß zu fassen und auch als Schriftsteller – und wohl nicht nur als *Simplicissimus*-Autor und -Redakteur – bekannter zu werden. Denn

---

[12] Brief an Conrad Haußmann vom 25.11.1912, LB 249.

[13] John GRAND-CARTERET, France-Allemagne-Maroc. Une Victoire Sans Guerre Documents et Images pour servir à l'histoire du différend franco-allemand (97 caricatures). Paris 1911.

[14] Brief an Conrad Haußmann vom 25.11.1912, LB 249: „Ist Pour mieux se connaître [Carterets Plädoyer für eine intellektuelle deutsch-französische Annäherung. ND] lebensfähig, beteiligt sich auch nur ein Franzose von Rang an der Sache, dann verspreche ich Dir hiemit, mit Dir nach Paris zu fahren und sogar zu reden. Zu einer andern Zeit, wenn das dumme Kriegsgetue vorüber sein wird […]. Dann würde ich unter Deiner Ägide ein paar Worte sagen, die aber keinen Zweifel ließen, daß jeder Pulsschlag für die liebe deutsche Heimat in mir schlägt, und daß ich gerade für sie es wünschte, sehr lebhaft wünschte, daß wir uns mit Frankreich verstehen."

Grand-Carteret war dank der Karikaturen, die er leidenschaftlich sammelte, ein guter Kenner Deutschlands und seiner Kultur. Zum Thema Deutschland hat er zahlreiche Essays und Bücher veröffentlicht.[15] Außerdem waren ihm die deutsch-französischen Beziehungen wichtig, da er 1912 das ‚Comité de rapprochement intellectuel franco-allemand' (Verein für eine deutsch-französische intellektuelle Annäherung) ins Leben rief.[16]

Thoma war der Meinung, der Stoff und die Themen der Beiträge des *Simplicissimus* (und darüber hinaus seiner literarischen Produktion) seien weitere Hindernisse, und schrieb, typisch deutsche (und bayerische) Ereignisse fänden keinen Anklang in Frankreich. Doch die Auseinandersetzung um die Zentrumspartei und die Einmischung der Geistlichen in das politische Leben, die starke Kritik hervorriefen und im *Simplicissimus* überaus häufig behandelt wurden, hätten wohl auf Resonanz stoßen können. Ende des 19. und Anfang des 20. Jahrhunderts war der Antiklerikalismus in Frankreich an der Tagesordnung und wurde rege debattiert. Er führte zum Gesetz von 1905, das die Trennung von Kirche und Staat sichert. Selbst wenn die Zentrumspolitiker in Frankreich wenig oder nicht bekannt waren, hätte die deutsche bzw. bayerische Situation in Frankreich Anklang finden können, trotz des unterschiedlichen Kontextes in den zwei Ländern.

Außer Paris hatte Thoma auch die Gelegenheit, Südfrankreich zu entdecken. Im Frühjahr 1904 unternahm er mit Eduard Thöny und

---

[15] Les moeurs et la caricature en Allemagne, en Autriche, en Suisse. Ouvrage illustré (2e édition); avec préface de Champfleury, 1885; La Femme en Allemagne, Paris 1887; Bismarck en caricature, Paris 1890; Crispi, Bismarck et la Triple-Alliance en caricatures, Paris 1891; Richard Wagner en caricature, Paris 1892; Derrière Lui. L'homosexualité en Allemagne, Paris 1907; Le César allemand devant les siens et devant ses alliés, ce que la caricature pense de Lui, ce qu'Il en pense, Lui (Guillaume II), Paris 1909; Kaiser, Kronprinz et Cie., Paris 1916; La Kultur et ses hauts fait, Paris 1916.

[16] Vgl. Eintrag von Bertrand TILLIER über ‚GRAND-CARTERET, John' für das INHA (Institut National d'Histoire de l'Art) in Paris, https://www.inha.fr>publications.

Rudolf Wilke eine Radtour, die sie über Südfrankreich nach Tunesien führte. Darüber berichtet er in seinem Tagebuch.[17] Anfang 1915 war er wieder in Frankreich, aber in einem ganz anderen Zusammenhang. Im Januar 1915 überbrachte er den bayerischen Truppen in Belgien und Nordfrankreich sog. Liebesgaben, also Spendenpakete im heutigen Verständnis; im April hingegen war er freiwillig als Sanitätsmann im II. Bayerischen Kraftwagen-Transport-Zug des Roten Kreuzes an der Westfront.[18]

Die literarhistorische Einordnung seines Werkes

Thoma ist in französischen Darstellungen der deutschen Literatur durchaus präsent. Daher soll zunächst seine Einordnung innerhalb der Literaturgeschichtsschreibung eingeschätzt werden. Eines seiner Werke, die *Lausbubengeschichten*, wurde bereits 1946 als deutsche Ausgabe für Ausländer veröffentlicht. Diesem Werk Thomas wird dann besondere Aufmerksamkeit zukommen.

Vorab muss betont werden, dass sich in den untersuchten Literaturgeschichten der Blick wandelt. Entweder bewertete man seine Werke als für eine französische Leserschaft besonders beachtenswert oder als irrelevant, u. a. auch weil es Hindernisse gab, die die Lektüre erschwerten.

Die erste *Histoire de la littérature allemande* aus dem Jahre 1936 stammt von Geneviève Bianquis (1886–1972), einer wichtigen Figur der französischen Germanistik. Sie hat in Paris studiert und zuerst an Gymnasien (in Le Havre, Saint-Quentin, Reims und Paris) unterrichtet. 1926 bekam sie den Doktortitel und wurde 1936 als erste Frau ‚Maîtresse de conférence' an der Universität von Dijon. Unter dem

---

[17] Ludwig THOMA, Tagebuch 5.4.–7.5.1904 L 2467/88.
[18] Vgl. Richard LEMP, Ludwig Thoma. Bilder, Dokumente, Materialien zu Leben und Werk. München 1984, 27; das Kriegstagebuch hat die Signatur L 2467/82.

Vichy-Regime wurde sie ihres Amtes enthoben, konnte nach der Befreiung Frankreichs jedoch wieder in ihre Stellung zurückkehren. Sie war als Übersetzerin tätig, hat sich ihr Leben lang auch im Rahmen ihrer Forschungsarbeit der deutschsprachigen Kultur gewidmet, interessierte sich für Philosophie und hat zur Nietzsche-Forschung in Frankreich beigetragen. Auch hat sie 1946 die Zeitschrift *Études germaniques* mitbegründet, für die sie zahlreiche Beiträge und Rezensionen verfasst hat.

In dem Kapitel, das dem ‚Roman von 1880 bis 1914' gewidmet ist, heißt es:

> „Dieselben Bewegungen, die von außerhalb kommend Lyrik und Drama veränderten, haben den deutschen Roman erneuert. Flaubert, Maupassant, aber vor allem Zola und die russischen und skandinavischen Romanschriftsteller üben eine kraftvolle Wirkung aus; es gibt eine Unmenge von Romanen, die einen Hang zum Naturalismus haben, und deren Niveau leider das Mittelmäßige kaum überschreitet."[19]

Zwar wird hier kein Roman von Thoma genannt, doch ist dieses Zitat bedeutsam, weil Thoma mit den Werken Zolas und besonders der russischen Autoren verbunden wird, die er bewunderte. Was die Skandinavier betrifft, so war sein Urteil zwiespältig und auch widersprüchlich.[20]

---

[19] Geneviève BIANQUIS, Histoire de la littérature allemande, Paris 1936 (Section de Langues et Littératures), 175: „Le roman allemand est rénové par les mêmes courants qui sont venus du dehors transformer le lyrisme et le drame. Flaubert, Maupassant, mais surtout Zola et les romanciers russes et scandinaves agissent avec force et l'on voit proliférer toute une littérature romanesque à tendance naturaliste dont le niveau, malheureusement, ne s'élève guère au-dessus du médiocre."

[20] In einem Brief an Conrad Haußmann vom 22.12.1906, LB 198, äußert er sich folgendermaßen über Ibsen: „Auf das erste Heft des ‚März' darfst Du Dich freuen. Es kommt […] vom Mauthner eine prächtige Satire auf die Ibsenausschlachter." In einem Brief an Maidi von Liebermann vom 2.8.1919 LB, 376 jedoch kommt keine Bewunderung von den Skandinaviern zum Ausdruck: „Ginge ich nach Kritikern, so hätte ich vor zwanzig Jahren das Schreiben aufgehört. Natürlich ist es keine schwere Kost, aber glaub's mir, harmlos lustige Dinge sind unendlich schwerer zu

Bianquis fährt fort, indem sie viele Romanarten unter einen Hut bringt:

> „In der Menge der Schriftsteller, die sich gleichzeitig mit dem historischen Roman, dem sozialen Roman, dem psychologischen Roman, dem Dorf-Roman, dem exotischen Roman, dem Bekenntnisroman oder dem Traum-Roman […] beschäftigen, ist es schwierig, eine Wahl zu treffen. […] Unter den lokalen Dichtern seien […] die Bayern Ludwig Thoma, O. M. Graf, Lena Christ etwas willkürlich zitiert; […]."[21]

Thomas Werke sind also naturalistisch geprägt. Doch diese Zuordnung hat den Nachklang von Minderwertigkeit, sein Epigonentum behindert seine Rezeption in Frankreich. Jedoch zeigt Bianquis hier keinen Weg der Aufwertung, denn sie beschränkt sich auf eine einzige Gattung, die des Romans, jedoch ohne einen Titel zu nennen. So werden weder Thomas Tätigkeit als Mitarbeiter des *Simplicissimus* noch sein dramatisches Werk erwähnt. Auch in der 6. Auflage aus dem Jahr 1969 – also nach über dreißig Jahren! – ist über den Bayerndichter nichts Neues hinzugefügt.

Immerhin wird Thoma gegen Ende des 20. Jahrhunderts in ein anderes Licht gerückt. Jean Chassard (1912–2006) und Gonthier Weil tragen in der *Histoire de la littérature de langue allemande des origines à nos jours* dazu bei, Thoma aus dem naturalistischen Epigonen-

---

machen, und sind seltener als Strindberg-Ibseniaden." Auch an Maidi schreibt er am 22.5.1921 sehr kritisch und negativ über Ibsen, LB 457: „Heute las ich Ibsens Gespenster. Es ist doch ein Schmarrn; ganz bestimmt. […] Der alte Norweger war ein schlauer Kniffler, aber nicht sehr viel mehr." Man darf dabei nicht vergessen, dass diese Kommentare in einer Zeit gemacht wurden, in der Thoma – aus persönlichen Gründen und wegen der Situation Deutschlands nach dem Krieg – recht verbittert, ja deprimiert und negativ war.

[21] BIANQUIS, Histoire, 177: „Dans la foule des écrivains qui cultivent simultanément le roman historique, le roman social, le roman psychologique, le roman villageois, le roman exotique, le roman en forme de confession ou de rêve […], il est difficile de faire un choix. […] Il faut citer un peu par hasard parmi les romanciers locaux […] les Bavarois Ludwig Thoma, O. M. Graf, Lena Christ."

tum zu lösen, indem sie die Fortsetzung dieser Bewegung aufgreifen und das „Aufkommen des Regionalismus"[22] betonen, das die vorangegangene Literatur überboten habe: „Hat der Naturalismus – mit Ausnahme von Hauptmann – keine sehr großen Autoren hervorgebracht, so hatte er zahlreiche Anhänger, deren Werke nicht alle unbedeutend sind, und die, mit mehr oder minder Talent und Wahrheit, den Lebensraum und die Sitten von Bewohnern aus dieser oder jener Region schildern."[23]

Eben in diesem Rahmen wird Thoma ausführlich gewürdigt:

> „Ludwig Thoma veröffentlicht über Bayern und seine Bewohner Erzählungen voller Humor, die manchmal der politischen und sozialen Satire zuzuschreiben sind: *Agricola* (1897). Sein Dialektdrama (im Französischen wörtlich: Dorftragödie) *Magdalena* (1912), seine Komödien *La Medaille* (Die Medaille, 1901), *Le chemin de fer local* (Die Lokalbahn, 1902), die eine manchmal beißende Komik aufweisen, aber noch mehr seine *Histoires de polissons* (Lausbubengeschichten, 1905), deren Komik die Finesse nicht ausschließt, haben seinen Namen beliebt gemacht."[24]

---

[22] J. CHASSARD und G. WEIL, Histoire de la littérature de langue allemande des origines à nos jours, Paris 1981, 235. Die Titel dieses Teils lauten ‚Les prolongements du naturalisme. L'évolution vers le provincialisme'. – J. Chassard und G. Weil haben beide an Gymnasien Deutsch unterrichtet und Schulbücher (u. a. die Reihe ‚L'Allemand facile', die jahrzehntelang großen Erfolg hatte) sowie Grammatiken verfasst.

[23] J. CHASSARD und G. WEIL, 235: „Si le naturalisme – mis à part Hauptmann – n'a pas produit de très grands auteurs, il a suscité un grand nombre d'adeptes dont les œuvres ne sont pas toutes négligeables, et qui évoquent, avec plus ou moins de talent et de vérité, le cadre de vie et les mœurs des habitants de telle ou telle province."

[24] J. J. CHASSARD und G. WEIL, 237: „Ludwig Thoma publie sur la Bavière et ses habitants des récits pleins d'humour qui parfois relèvent de la satire politique et sociale: ‚Agricola' (1912). Son drame villageois ‚Magdalena' (1912), ses comédies ‚La Médaille' (‚Die Medaille' 1901), ‚Le chemin de fer local' (‚Die Lokalbahn', 1902), au comique parfois grinçant, mais encore plus ses ‚Histoires de polissons' (‚Lausbubengeschichten', 1905), dont la drôlerie n'exclut pas la finesse, ont rendu son nom populaire."

Die Schlüsselwörter, die hier festgehalten werden müssen, sind: Thoma ist ein Bayern-Schilderer (die ‚regionale' Komponente wird betont), der Humor und eine manchmal beißende Komik beherrscht und der auch in der Lage ist, durch die politische und soziale Satire, an den politischen wie sozialen zeitgenössischen Zuständen Kritik zu üben. Man kann in diesem Zusammenhang von einem gewissen Engagement sprechen. Die Finesse ergänzt dieses recht schmeichelhafte und durchaus positive Porträt.

In der *Histoire de la littérature allemande sous la direction de Fernand Mossé*, die 1995 veröffentlicht wurde (die Erstausgabe stammt allerdings aus dem Jahre 1959), setzt sich Claude David mit der Literatur in der Regierungszeit Wilhelms II. auseinander. Thomas Werk wird in Bezug auf das „Leben in der regionalen Sphäre" berücksichtigt, er wird jedoch nicht ausdrücklich als Heimatdichter bezeichnet:

> „Das Leben in der regionalen Sphäre kam weniger auf der Bühne als im Roman zum Ausdruck. Einige lokale Traditionen blieben jedoch bestehen, vor allem in den südlichen Regionen und in Österreich. Josef Ruederer [...] und Ludwig Thoma [...] verspotten in ihren Possen die lokalen Sitten Bayerns. [...] Der zweite, der Satiriker ‚Peter Schlemihl' des Münchner *Simplizissimus*, zieht die Sittlichkeitsvereine, die Münchner Beamten, die Bürgermeister von Kleinstädten ins Lächerliche. In seinen Theaterstücken und auch in seinen Bauernromanen (Andreas Vöst, 1905) macht er von seinem antiklerikalen Witz Gebrauch."[25]

---

[25] Histoire de la littérature allemande sous la direction de Fernand Mossé, Paris 1995. 820: „La vie de province s'exprima sur la scène beaucoup moins que dans le roman. Quelques traditions locales se maintinrent cependant, surtout dans les provinces du sud et en Autriche. Josef Ruederer (1861–1915) et Ludwig Thoma (1867–1921) persiflent dans leurs farces les mœurs locales de la Bavière. [...] Le second, le satirique Peter Schlemihl du ‚Simplizissimus' de Munich, tourne en dérision les associations pour la défense des bonnes mœurs, les fonctionnaires de Munich, les bourgmestres des petites villes. Dans son théâtre et aussi dans ses romans paysans (Andreas Vöst, 1905), il exerce sa verve anticléricale."

Vervollständigt wird Thomas Bildnis durch die Erwähnung des Antiklerikalismus, der in der Tat eine wesentliche Rolle in seinem Werk spielt. Wie bereits erwähnt, ist dies ein Aspekt, der in Frankreich auf Interesse stoßen konnte.

Hier haben sich Perspektive und Einschätzung seit 1936 beträchtlich erweitert. In den Vordergrund treten Aspekte, die charakteristisch für die damalige Gesellschaft sind und daran erinnern, welch guter Beobachter seiner Zeit Thoma war. Man denke an die Scheinheiligkeit der Mitglieder von Sittlichkeitsvereinen, die in der Komödie *Moral* entlarvt werden, an die Kritik der Politiker, aber auch an Thomas aktives Wirken im Kampf gegen den Klerus. *Andreas Vöst* wird berücksichtigt, aber seine *Filserbriefe* hätten es auch verdient, genannt zu werden. 1922 erfreute sich der erste Band einer Auflage von 70.000 Exemplaren, der zweite Band kam nur auf 40.000, was ziemlich bemerkenswert ist![26]

In den letzten zwei untersuchten Literaturgeschichten sind recht spärliche Angaben zu finden. Für Pierre Deshusses gilt ein ‚sowohl–als auch'. Unter den deutschen naturalistischen Schriftstellern befindet sich „der Münchner Humorist Ludwig Thoma",[27] der auch in dem Teil über die Regionalliteratur (die berücksichtigte Zeitspanne ist diejenige zwischen den beiden Weltkriegen) als ‚Hauptvertreter' erscheint: „In Bayern findet man Peter Dörfler (1878–1955) und Lena Christ, und vor allem Ludwig Thoma (1867–1921), Romanschriftsteller und satirischer Dramatiker."[28]

Jean-Louis Bandet schließlich, der 1997 eine *Histoire de la littérature allemande* herausgibt, erwähnt einzig Ludwig Ganghofer in seinem der ‚Heimatkunst' (er verwendet den deutschen Begriff und bietet als französische Übersetzung ‚l'art du terroir') gewidmeten Absatz. Die angegebenen Charakteristika treffen allerdings auch zum Teil auf Thoma zu:

---

[26] Lemp, Ludwig Thoma, 249.
[27] Pierre Deshusses, Précis de littérature allemande, Paris 1996, 161: „On trouve parmi eux [...] l'humoriste munichois Ludwig Thoma."
[28] Ebda. 250: „En Bavière on trouve Peter Dörfler (1878–1955) et Lena Christ et surtout Ludwig Thoma (1867–1921), romancier et dramaturge satirique."

„[...] gegen den Naturalismus bildet sich ganz zu Beginn des 20. Jahrhunderts die Heimatkunst, l'art du terroir, die es versucht, den althergebrachten Werten, denjenigen des Bodens, die von der historischen Entwicklung, der preußischen Vorherrschaft [...] widersprochen wurden, Leben und Sinn wiederzugeben. Für einige Zeit wird der deutsche Roman zum Wortführer einer konservativen Ideologie, ja eines engstirnigen Nationalismus, der die Vergangenheit, die nationale und lokale Bodenständigkeit verherrlicht."[29]

Die Heimatkunst steht hier nicht im Dienste einer Literatur, die sich der Zukunft und dem Fortschritt, der Modernität widmet.

Mit ‚Provincialisme', ‚la vie de province', ‚Heimatkunst', ‚l'art du terroir' (wobei ‚Heimat' und ‚terroir' nicht auf die gleiche Realität hindeuten: ‚Heimat' bezieht sich auf ein Verbundenheitsgefühl mit einem Land, einer Gegend, einem Ort, wobei ‚terroir' eine landwirtschaftliche, provinzielle Gegend bezeichnet, die auf ihre Bewohner Einfluss ausübt) sind Begriffe, die an die französische ‚littérature régionaliste' denken lassen, die jedoch in Frankreich wenig geschätzt wurde. Es sei hier auf Thierry Glon und dessen Beitrag hingewiesen:

„Dass die ‚Regionalliteratur' (littérature régionaliste) aus den Literaturgeschichten ausgeschlossen wurde, erklärt ganz und gar, warum dieser zwischen 1850 und 1950 große Kontinent der französischen Verlage in Misskredit geraten ist, obwohl er trotz seines wenigen Prestiges weiterhin verkauft wird. Dieser Misskredit ist selbstverständlich. [...]. Einerseits hat die ‚Regionallite-

---

[29] Jean-Louis BANDET, Histoire de la littérature allemande, Paris 1997, 254: „[...] c'est contre le naturalisme que se crée, au tout début du XXème siècle, la Heimatkunst, l'art du terroir, qui tente de redonner vie et signification aux valeurs anciennes, celles de la terre, contredites par l'évolution historique, la prépondérance prussienne [...]. Le roman allemand se fait, pour un certain temps, le porte-parole d'une idéologie conservatrice, voire d'un nationalisme étroit, exaltant le passé, l'attachement au sol national et natal."

ratur' regionale Stereotypen erstarren lassen. Andererseits setzte der Kirchturm des Dorfes ihren Ambitionen Grenzen, während man der französischen Literatur eine universale Bestimmung zuschreibt. […] Hinzu kommt noch wahrscheinlich der Vorwurf einer literarischen Mittelmäßigkeit. Es ist schwierig, Manifeste zu finden, in denen eine Ästhetik des Regionalismus zum Ausdruck kommt."[30]

Zwar kann die ‚Regionalliteratur' mit der hohen Literatur nicht gleichgesetzt werden, aber seit relativ kurzer Zeit finden ihre Vertreter Anerkennung; man möge zum Beispiel an Marie-Hélène Lafon denken, deren Werk zum Teil dem Cantal, im Zentralmassiv, gewidmet ist.

Zur Rezeption Thomas in Frankreich muss man unbedingt diesen Kontext vor Augen haben. Als Vertreter der ‚littérature régionale' hat er auch unter der Geringschätzung dieser Gattung gelitten. Aber darüber hinaus betont Henri Plard seinen Einfluss auf Franz-Xaver Kroetz, der als literarischer Erbe Thomas verstanden wird: „Die Tradition des polemischen Volksstückes, die bereits von Anzengruber und Ludwig Thoma in einem wesentlich antiklerikalen Sinn ins Leben geführt wurde, hat Franz-Xaver Kroetz […] wieder aufgenommen."[31]

---

[30] Am 7. Dezember 2012 hat ein Kolloquium über die ‚Ästhetik des Regionalismus' (Esthétique du régionalisme) in der UBO (Université de Bretagne Occidentale) stattgefunden. Thierry Glon veröffentlichte seinen Beitrag in der Zeitschrift La Bretagne linguistique Nr. 19, 2015, 43–54 (https://doi.org/10.4000/lbl.1037): „L'exclusion de la littérature régionaliste hors des histoires littéraires dit assez le discrédit de ce qui fut pourtant un immense continent dans l'édition française, entre 1850 et 1950, et qui continue à vendre malgré son faible prestige. Ce discrédit va sans dire. […] D'une part la littérature régionaliste a assurément figé des stéréotypes régionaux. D'autre part elle a limité ses ambitions au clocher du village alors que la littérature française est créditée d'une vocation universelle. […] À cela s'ajoute sans doute un reproche de médiocrité littéraire. On peine à trouver des manifestes où s'exprimerait une esthétique régionaliste."

[31] Henri Plard, Histoire de la littérature allemande sous la direction de Fernand Mossé, 1015: „Franz-Xaver Kroetz … a repris la tradition du spectacle populaire polémique déjà inaugurée par Anzengruber et Ludwig Thoma dans un esprit nettement anticlérical."

Die Lausbubengeschichten *als Publikumserfolg*

Die *Lausbubengeschichten* erhielten bereits 1946 eine Sonderstellung und zwar als ‚deutsche Ausgabe für Ausländer'. Sie erschienen in der Reihe ‚Deutsche Kultur und Literatur' beim Verlag Eugène Belin in Paris. Die Herausgeber waren die beiden Germanisten Henry Chauchoy, der sowohl die Einleitung als auch die Anmerkungen verfasste, und Maurice Boucher. Die Liste der Autoren, die in dieser Reihe veröffentlicht wurden, ist aufschlussreich. In der Tat beweist sie, dass den *Lausbubengeschichten*, und darüber hinaus natürlich auch Thoma, ein großes Ansehen zukam.[32] Die Beliebtheit des Werkes in Deutschland, von der Chauchoy bestimmt unterrichtet war, mag auch eine Rolle gespielt haben, was seine Wahl des Werkes betrifft. 1922 betrug die Auflage der *Lausbubengeschichten* nämlich 100.000 Exemplare.[33]

Dass sich ausgerechnet Chauchoy um die Veröffentlichung der *Lausbubengeschichten* gekümmert hat, ist von großem Belang. Nach seinem Germanistikstudium hat er einige Jahre in Lille Deutsch unterrichtet. Auch war er ab Ende der 1930er Jahre bis nach dem Zweiten Weltkrieg als Übersetzer und Verleger von Schulbüchern tätig; Pädagogik und Didaktik standen also im Mittelpunkt seiner Arbeit. Die Einleitung und Anmerkungen der *Lausbubengeschichten* hat er mit großer pädagogischer Sorgfalt verfasst. Für die Jugendliteratur interessierte er sich besonders; 1942, schon vier Jahre vor den *Lausbubengeschichten*, hat er C. Spittelers *Die Mädchenfeinde* herausgegeben. Und ein Jahr nach den *Lausbubengeschichten*, 1947, waren es Kellers

---

[32] Ludwig Thoma, Lausbubengeschichten. Aus meiner Jugendzeit Illustrations de Olaf Gulbransson. Introduction et notes par Henry CHAUCHOY, Agrégé de l'Université – Deutsche Kultur und Literatur. Collection d'auteurs allemands publiée sous la direction de Maurice BOUCHEZ et Henry CHAUCHOY, Paris 1946. – Die veröffentlichten Autoren sind: C. Brentano, A.v. Chamisso, P[aul] Ernst, W. Goethe, W. Hauff, H. Hesse, G. Keller, H. v. Kleist, F. de La Motte-Fouque, G. E. Lessing, C. F. Meyer, F. Schiller, C. Spitteler, Th. Storm.
[33] LEMP, Ludwig Thoma, 249.

Romeo und Julia auf dem Dorfe und *Das Fähnlein der sieben Aufrechten,* die veröffentlicht wurden. In der Einleitung der *Lausbubengeschichten* untersucht er auf sehr ausführliche Weise die psychologische Entwicklung des Lausbuben, was zeigt, wie sehr die Bildung und Erziehung der Jugend ihm am Herzen lagen. Chauchoy hat relativ schnell nach Kriegsende aufgehört zu unterrichten, war jedoch immer noch im Bereich des Schulwesens als ‚inspecteur d'académie' aktiv, zunächst in Dijon und später in Amiens; in beiden Städten ist er für die deutsch-französische Freundschaft eingetreten. Dieser zweite Aspekt muss unbedingt hervorgehoben werden: Chauchoy hat sich sein Leben lang für die deutsch-französische kulturelle Kooperation und überhaupt für die deutsch-französische Verständigung eingesetzt. Schon vor dem Krieg nahm er an Austauschbesuchen teil und war ein Mitarbeiter der ‚Ligue d'études germaniques' (LEG). Nach dem Krieg hat er für den Wiederaufbau der Mainzer Universität plädiert und dazu beigetragen, die ‚Deutsch-Französische Gesellschaft' ins Leben zu rufen.

Chauchoys Einleitung ist quasi eine Hymne an Thoma (und an dessen Werk), wie es die Anfangszeilen beweisen:

> „Ludwig Thomas Werk ist vor allem Heimatdichtung: Bayern, und die Vielfalt seiner Landschaften, bildet den einzigen Rahmen seines Werkes, dessen vielfacher Held der bayerische Bauer ist. Es handelt sich dabei jedoch nicht um ein mittelmäßiges Werk oder um ein Werk, dessen Tragweite begrenzt ist: dem Willen, und nicht der Unfähigkeit, ist es zuzuschreiben, dass Ludwig Thoma seinen Horizont beschränkt hat; er dachte, dass dieses ungehobelte, schlichte und langsame Leben des Bauern, das er schon als Kind geteilt hatte und zu dem er nach einem langen städtischen Aufenthalt zurückgekehrt war, menschlicher und reicher war als jenes des Stadtmenschen, das äußerlich verlockender, lebhafter aber auch hohl ist. Er besaß eine ausgeprägte Beobachtungsgabe, einen tiefgründigen kritischen Sinn sowie eine zugleich hellsichtige und wohlwollende Ironie und vermochte es, hinter den verschiedenen Typen, die er beschrieben hat, einen

Hintergrund zu schaffen, der aus einer universalen Menschheit besteht, die jenseits der Züge der Einzelnen erscheint."[34]

Zweifelsohne kann hier von einer Rehabilitierung der ‚Regionalliteratur' gesprochen werden, da die Wahl der ‚Heimat' keineswegs ein Hindernis ist, sondern es sogar ermöglicht, Zugang zu Leserschichten außerhalb des Sprachbereichs zu vermitteln. Die von Thoma dargestellten Bauern werden von Chauchoy durchaus positiv bewertet:

„Fröhlich oder düster, es sind immer dieselben Bauern, mit ihrer angeborenen Hartnäckigkeit, ihrer langsamen Art, eine Entscheidung zu treffen, ihrer Abscheu vor neuen Ideen und Weisen, ihren Arbeitsfähigkeiten, ihrem Sinn für Gerechtigkeit, ihrer Hinnahme einer begrenzten Existenz, ihrer etwas kontemplativen Philosophie und letztendlich mit ihrem Humor, der einen ausgeprägten gesunden Menschenverstand zum Ausdruck bringt."[35] Trotz dieser positiven Bewertung leugnet Chauchoy nicht die Präsenz anderer Figuren:

„[…] die Dichter und Künstler jedoch fehlen nicht, auch die Landstreicher nicht, die das Abenteuer lockt, doch diese bekommen im Ausland ein dermaßen lebhaftes, klareres Bewusstsein

---

[34] CHAUCHOY, Ludwig Thoma, Lausbubengeschichten, 8: „L'œuvre de Ludwig Thoma est avant tout une œuvre du terroir: la Bavière, dans la variété de ses paysages, en constitue le cadre unique, et le héros multiple en est le paysan bavarois. Il ne s'agit point là, cependant, d'une œuvre médiocre ou de portée limitée: c'est volontairement, et non par impuissance, que Ludwig Thoma a borné son horizon; il pensait que cette vie fruste, simple et lente du paysan, qu'il avait partagée dès son enfance et à laquelle il était revenu après un long séjour à la ville, était humainement plus riche que celle des citadins, extérieurement plus séduisante, plus agitée mais creuse aussi. Doué d'un talent d'observation aigu, d'un sens critique pénétrant, en même temps que d'une ironie perspicace et bienveillante à la fois, il a su atteindre, derrière les divers types qu'il a campés, un fond d'humanité universelle qui transparaît sous les traits particuliers."

[35] CHAUCHOY, Ludwig Thoma, Lausbubengeschichten, 9: „Joyeux ou sombres, ce sont toujours les mêmes paysans, avec leur obstination foncière, leur lenteur à prendre une décision, leur répugnance aux idées et aux façons nouvelles, leurs qualités de travail, leur goût de la justice, leur acceptation d'une existence limitée, leur philosophie un peu contemplative, leur humour enfin qui traduit un grand bon sens pratique."

des Vaterlandes, wohin sie schließlich zurückkehren, und jene stellen früher oder später fest, dass die besten Wurzeln ihrer Kunst in dem Boden der Heimat gedeihen."[36]

Die *Lausbubengeschichten* bekommen eine ganz besondere Bedeutung, indem er sie in die Reihe der Werke eingliedert, die seit und dank J. J. Rousseau dem Kind einen immer wichtiger werdenden Platz verliehen haben. Auch erwähnt er die Bildungsromane, in denen das Kind eine wichtige Rolle spielt, und zitiert Kellers *Grünen Heinrich*, den Thoma mochte und gerne las.[37] In diesem Zusammenhang ist seine Analyse der *Lausbubengeschichten* zu verstehen:

> „Der Verdienst der *Lausbubengeschichten* ist es, dem Leser das Bild zu bieten, das das Kind von der Welt der Erwachsenen hat, eben in dem Stil des Kindes; diese Welt wird unbarmherzig beobachtet und ohne jegliche Zärtlichkeit beurteilt, von Seiten eines Kindes, das scharfsinnig ist und auf seine Art, wie schlecht sie auch sein mag, gegen die Vorurteile kämpft, deren Opfer er ist, aber auch gegen die Fehler, die er entdeckt, und gegen die Irrtümer der Erwachsenen."[38]

---

[36] CHAUCHOY, Ludwig Thoma, Lausbubengeschichten, 9: „[…] les poètes et les artistes, cependant, ne manquent pas, ni les vagabonds que tente l'aventure, mais ceux-ci prennent à l'étranger une conscience si vive, plus nette de la patrie où ils reviennent finalement, et ceux-là s'aperçoivent tôt ou tard que les meilleures racines de leur art poussent dans le sol natal."

[37] CHAUCHOY, Ludwig Thoma, Lausbubengeschichten, 10: „En fait, ces « histoires » se rattachent à une lignée d'ouvrages qui remontent à l'impulsion donnée par J.-J. Rousseau, un des premiers qui ait attiré l'attention sur les problèmes de l'enfance; après lui, avec les progrès réalisés dans l'étude de la psychologie des enfants, la transformation des notions d'autorité et des mœurs familiales, l'émancipation de l'individu, la littérature a fait à l'enfant une place de plus en plus grande. D'abord, un rôle plus important lui est accordé dans les *Souvenirs*, ou les *romans de formation* (*Bildungsromane*), pour la plupart autobiographiques (le *Grüner Heinrich*, de Gottfried Keller, par exemple, pour lequel Ludwig Thoma éprouvait une véritable dilection);"

[38] CHAUCHOY, Ludwig Thoma, Lausbubengeschichten, 11: „Le mérite des Lausbubengeschichten est d'apporter au lecteur, dans le style même de l'enfant, la vision que peut avoir celui-ci du monde des adultes, observé impitoyablement, et jugé sans tendresse par un enfant à l'esprit délié et qui réagit à sa manière, pour mauvaise qu'elle puisse être, contre les préjugés dont il est victime, les défauts qu'il découvre et les erreurs du monde des grandes personnes."

Mit diesen Charakteristika wendet sich diese ‚Ausgabe für Ausländer' an ein französisches, oder französischsprechendes Publikum, das höchstwahrscheinlich Deutsch gelernt hat. Diese Leser jedoch beherrschen den Wortschatz vielleicht nur zum Teil, sind mit der deutschen bzw. bayerischen Kultur (im weitesten Sinne des Wortes), mit den Charakteristika des Mündlichen und des bayerischen Dialektes nicht vertraut. Für sie hat Chauchoy den deutschen Text der *Lausbubengeschichten* mit fast 1100 Anmerkungen versehen. Diese sind Lektürehilfen, die es dem Leser ermöglichen sollen, die Hindernisse in Thomas Werk zu überwinden. Wir werden etwas später darauf zurückkommen.

Die Germanistikforschung in Frankreich hat dazu beigetragen, neue Aspekte zu untersuchen, die für die Rezeption (nicht nur in Frankreich) und das Gesamtbild des Autors von Belang sind.[39] Auf jeden Fall haben sie unerwartete Zugänge zu seinen Werken und seiner Welt eröffnet.[40]

Dialekt und Bühnensprache in Thomas Stücken

Über Thomas Sprache schreibt Josef Müller-Marein im Vorwort zur Ausgabe *Ein Leben in Briefen*:

> „Einst, als man in Deutschland weniger reiste als heute, haben die bayerischen Sprachen und Diktion, deren Thoma sich in seinen humorvollsten, aber auch in seinen innigsten Stücken bediente, es erschwert, daß Nicht-Bayern ihn würdigen konnten.

---

[39] Neben den Dissertationen sind hier die Publikationen von Helga ABRET, Germanistin an der Universität Nancy, zu erwähnen: Albert Langen. Ein europäischer Verleger, München 1993; Das Kopierbuch Korfiz Holms (1899–1903). Ein Beitrag zur Geschichte des Albert Langen Verlags und des ‚Simplicissimus'. Zusammen m. Aldo KEEL. Bern 1989.

[40] Jean DEWITZ, Ludwig Thoma et le théâtre populaire, Bern 1985; Eleonore KAUF-NIETSCH, Frau und Gesellschaft im Werk Ludwig Thoma. Frankfurt/M. 1995 (Regensburger Beiträge Reihe B/Untersuchungen, Band 59); Nicole DUROT, Ludwig Thoma et Munich. Une contributon à la vie sociale, politique et culturelle à Munich autour de 1900, Paris, Berlin u. a. 2007 (Collection Contacts, Série III: Etudes et documents Bd. 55).

Das ist heute anders. Wer mit den ‚schriftdeutschen' Geschichten beginnt, dringt unschwer in das altbayerische Idiom ein."[41]

Zweifellos war das Altbayerische für Thoma wichtig, denn er nannte seinen Roman *Der Wittiber* „sehr altbayerisch" und fügte hinzu: „Wer dies Buch ... gelesen haben wird, kann von sich sagen, daß er einiges von den Bajuwaren weiß. Auch von ihrer Sprache."[42] Mit „Nicht-Bayern" sind sicherlich deutschsprachige Leser gemeint, für die eine bayerische Sprachvarietät, wie der Dialekt heute auch bezeichnet wird, schwer zu verstehen war war. Thoma war sich dieser Schwierigkeit mit dem Dialekt bewusst, als er über seine Komödie *Die Lokalbahn* schrieb: „Dialekt kommt bloß in ein paar Nebenrollen vor. Ich will versuchen, mir diesmal die norddeutsche Kundschaft zu gewinnen."[43]

Wenn selbst Deutschsprachige die bayerischen Dialekte nicht auf Anhieb verstehen, so muss man davon ausgehen, dass sie für ausländische Leser, die zwar Deutsch als Fremdsprache gelernt haben, auch eine große Hürde sind. Das Bayerische (bzw. die bayerischen Dialekte) musste also die Rezeption im Ausland (hier: Frankreich) eher erschweren. So bedauert auch Chauchoy in der Einleitung der von ihm in Frankreich veröffentlichten *Lausbubengeschichten* die Verwendung des Dialekts:

> „Der in seinen letzten Romanen immer häufiger verwendete Dialekt in den Dialogen, wozu ihn dramatisches Genie und Anliegen, der Wahrheit treu zu bleiben, zwangen, bildet leider ein Hindernis in Bezug auf das Lesen seines Werks und beschränkt, in einer beträchtlichen Weise, die Beachtung, die Ludwig Thoma verdienen sollte."[44]

---

[41] Josef MÜLLER-MAREIN, LB 6.
[42] Brief an Conrad Haußmann vom 25.1.1911, LB 228.
[43] Brief an Albert Langen vom 29.10.1901, LB 93.
[44] CHAUCHOY, Ludwig Thoma, Lausbubengeschichten, 8: „Malheureusement, l'emploi, de plus en plus fréquent dans ses derniers romans, du dialecte dans les dialogues, auquel le poussent son génie dramatique et le souci de la vérité, entrave la lecture de son œuvre et restreint, dans une mesure considérable, l'audience que mériterait Ludwig Thoma."

Chauchoy versah die *Lausbubengeschichten* mit zahlreichen Anmerkungen, von denen die meisten lexikaler Natur sind. Bei einem Wort oder bei Ausdrücken, von denen er ausgeht, sie könnten schwer verständlich sein, bietet er entweder ein Synonym oder die Übersetzung ins Französische; sobald es nötig ist, weist er darauf hin, dass es sich um einen dialektalen oder regionalen, d. h. dem süddeutschen Raum angehörenden Ausdruck handelt.[45] Bei dem Ausdruck „ist es mir auch wurscht" geht es ihm sowohl um die Bedeutung wie auch um die Aussprache.[46]

Aber auch im grammatikalischen Bereich sind Erklärungen notwendig, etwa bei der doppelten Negierung. So fragt in der Erzählung *In den Ferien* die Frau Geheimrat, wo die Katze Miezchen wohl sein kann: „Sie fängt doch keine Mäuse nicht?"[47] Diese Verneinung erklärt Chauchoy als typisch für die Umgangssprache bzw. für mündlichen Sprachgebrauch und sei öfters in den *Lausbubengeschichten* zu finden.[48] Der fehlerhafte Gebrauch von ‚wie' statt ‚als' kommt sehr oft vor: „Gestern hat mich der Amtsrichter so kalt gegrüßt, wie er vorbeigegangen ist" und wird einem volkstümlichen Sprachgebrauch zugeschrieben.[49] Auch interessant ist die Erwähnung der Diminutivformen. Anlässlich der Form ‚Kathi' erklärt er, wie es zu dieser Form auf -i kommt, die typisch für Süddeutschland ist.[50]

---

[45] CHAUCHOY, Ludwig Thoma, Lausbubengeschichten 21, Anmerkung 9. So z. B. die Begründung von der Wahl des Wortes ‚Lausbube': „Lausbube a surtout cours dans l'Allemagne du Sud; l'Allemagne du Nord dit plutôt Lausejunge […]; il existe encore un troisième composé: Lauskerl […] qui a le même sens."

[46] CHAUCHOY, Ludwig Thoma, Lausbubengeschichten 54, Anmerkung 6: „prononciation dialectale: es ist mir wurst = es ist mir gleich = cela m'est égal."

[47] CHAUCHOY, Ludwig Thoma, Lausbubengeschichten 22.

[48] CHAUCHOY, Ludwig Thoma, Lausbubengeschichten 6: „nouvel accroc du langage courant à la grammaire: l'emploi (fautif) de la double négation est très fréquent dans la langue parlée; les exemples en seront nombreux dans le texte". – Thoma gebrauchte selbst die doppelte Negierung, vgl. Brief an Michel Dengg vom 27.11.1911, LB 241: „Auch keinen Zwetschgendatschi gibt es nicht mehr."

[49] CHAUCHOY, Ludwig Thoma, Lausbubengeschichten 20, Anmerkung 8: „emploi populaire très fréquent de wie pour als."

[50] CHAUCHOY, Ludwig Thoma, Lausbubengeschichten 56, Anmerkung 56: „les diminutifs en -i (forme atténuée de -lein, anciennement -lîn, et abrégée dans les dialectes

Chauchoy geht sehr gewissenhaft und akribisch mit dem Text um und will die Leser auf die sprachlichen Varianten aufmerksam machen. Das bietet ihm eigentlich die Möglichkeit, eine Art Panorama der bei Thoma vorkommenden deutschen Sprache samt einiger ihrer dialektalen Varietäten zu geben.

Wieder ein Erfolg – Die Lokalbahn *in neuer Bearbeitung!*

Das Stück *Moral* erschien schon zu Thomas Lebzeiten in englischer Sprache. Die Komödie hat einen universalen Stoff, der auch eine Übersetzung ins Französische nahegelegt hätte. Zu dieser kam es aber nicht. Dabei schätzte Thoma das Französische als Bühnensprache, wie er in einem Brief an Conrad Haußmann anlässlich der Aufführung von *Lottchens Geburtstag* schrieb:

> „Das Kompliment des Schwäbischen Merkur, daß ich Courteline an Witz und Geist geschlagen hätte, machte mir Freude. Denn die deutsche Bühnensprache ist sakramentisch viel schwerer als die französische. Ich arbeite viel daran und immer penibler, das gesprochene Wort, das sich im Deutschen so sehr vom geschriebenen unterscheidet, richtig zu bringen. Wenn das gelingt, und ein Kritikus sieht oder ahnt es, hat man sich nicht umsonst geplagt."[51]

In Thomas Werk, sei es das Bühnen- oder das Prosawerk, tritt der Dialekt sehr oft in den Vordergrund. Anhand von einigen den Dialekt betreffenden Anmerkungen, die in der französischen Ausgabe der *Lausbubengeschichten* zu finden sind, wurde hervorgehoben, dass darin das erste Hindernis für ein Verständnis liegt. Das zweite tritt hervor,

---

en -le – cf. p. 86, n. 2: Mädele – ou -li – cf. p. 86, n. 1: Mimili) sont fréquents surtout dans le sud de l'Allemagne: cf. p. 21, n. 15 Miezi, cf. p. 57, n. 9 Gusti; cf. p. 58, n. 9 Pepi, cf. p. 87, n. 1 Heini."

[51] Brief an Conrad Haußmann vom 11.10.1911, LB 238.

sobald man versucht, diese Texte zu übersetzen. Durch den Gebrauch des bayerischen Dialektes ist es schier unmöglich, denn man würde dabei den beabsichtigten Effekt des Dialektes verlieren.

Dennoch soll im Folgenden eine neuere und beim Publikum erfolgreiche Bearbeitung vorgestellt werden. Deren Verfasser, Alphonse Walter, wohnt in Lothringen, hat Deutsch unterrichtet und ist Schriftsteller, der auf Platt schreibt. Er hat Bearbeitungen verfasst u. a. *D'Autobahn. E Gemäne Komedi in 10 Bihnebilder, e Zwischespiel un e Apotheos. Frei ängepasst vum e deitsche Luschtspiel 'Die Lokalbahn' vun Ludwig Thoma.*[52] Diese hoch interessante Bearbeitung ist auf lothringischem Platt (Francique) erschienen. Zwar hat Walter auch eine französische Fassung erstellt, doch es ist diejenige auf Platt, die fünfmal aufgeführt wurde.[53] Zweifelsohne kann man von einem Unikum sprechen, da der bayerische Dialekt in diesem Fall kein Hindernis ist und Walter sogar die Basis zu einem Text liefert, der allerdings selbst in einem ‚Regiolekt' ist, um einen heute geläufigen Begriff zu verwenden.

Das Motiv der Handlung stimmt mit dem der Vorlage überein:

> „In unseren bürgerlichen Demokratien, wo die Führungsspitze der Wählerschaft ausgeliefert ist, ist eine Dosis von Demagogie fast unentbehrlich. Weil er zu sehr davon Gebrauch gemacht hat,

---

[52] Alphonse WALTER, D'Autobahn, in: Von Bitche nach Thionville, lothringische Mundartdichtung der Gegenwart. Lesebuch unter der Leitung von Günter Scholdt und Hervé Atamaniuk, St Ingbert (Saar) 2016 (Sammlung Bücherturm). ‚D'Autobahn' wurde u. a. am 22. März 2012 im Theater von Sarreguemines im Rahmen der Festspiele ‚Mir redde Platt' und am 10. und 25. November 2012 in Meisenthal, im Kulturzentrum ARToPIE aufgeführt. Für monolinguale Zuschauer war auch gesorgt, es gab französische Übertitel, wie auf der ARToPIE-Webseite zu lesen ist: „Spectacle de théâtre en francique surtitré en français. Comédie municipale en 10 tableaux, un intermède et un final", vgl. artopie-meisenthal.org. „Schauspiel in lothringischem Platt (francique) mit französischen Übertiteln. Gemeindekomödie in zehn Bildern, einem Zwischenspiel und einer Schlussszene." Im Gegensatz zum Titel auf Platt finden wir den Begriff „e Apotheos" nicht im französischen Text.– Der Autor A. Walter hat mir das Manuskript zur Verfügung gestellt. Die Zitate stammen aus dem Manuskript. Ihm danke ich dafür wie für den E-Mail-Wechsel, der für mich sehr aufschlussreich war.

[53] Walter, in einer E-Mail an die Verfasserin: „La pièce a été représentée 5 fois, et uniquement en francique."

befindet sich der Bürgermeister von Zornstatt, einer kleinen lothringischen Stadt, in einer unausweichlichen Aufeinanderfolge von Ereignissen verstrickt, die seine politische Laufbahn und sein Familienleben fast in den Abgrund stürzen. Dies geschieht wider seinen Willen, doch schuldig ist er. Zum größten Vergnügen der Zuschauer, die zugleich Bürger sind."[54]

Die Motivationen der Figuren gleichen sich ebenfalls. In beiden Stücken soll der Bürgermeister (Friedrich Rehbein in Dornstein, Gaston Schwarzwald in Zornstatt) den Minister überzeugen, eine getroffene Entscheidung rückgängig zu machen. Bei Thoma soll die Bahn wie ursprünglich geplant ins Städtchen fahren (statt nun in die Nähe der Ziegelei von Baron Reisach), bei Walter handelt es sich um die Autobahnzufahrt, die versetzt werden soll, statt direkt zu der Firma Grünferber zu führen. In beiden Stücken wohnen wir den Gesprächen bei, die sowohl vor der Reise des Bürgermeisters in die Residenzstadt bzw. in die französische Hauptstadt als auch nach seiner Rückkehr geführt werden. Sowohl in Dornstein als auch in Zornstatt glauben die Bürger, ihr Bürgermeister habe beim Minister energisch widersprochen – das stimmt jedoch nicht, aber weder Friedrich Rehbein noch Gaston Schwarzwald wollen dies eingestehen. Sie fühlen sich geschmeichelt, wenn die Bürger ihnen ihre Bewunderung bezeugen. Doch später möchten die Bürger aus Angst vor den Folgen das angeblich Geschehene rückgängig gemacht sehen.

Auch geht es in Dornstein und Zornstatt um das Gefühl der Bürger, nicht ernst genommen zu werden, ja sogar hintergangen worden zu sein; sie haben die Leute gewählt, die an der Regierung sind, sie betrachten sich als brave Steuerzahler, deshalb geben sie sich mit der

---

[54] Vgl. artopie-meisenthal.org: Dans nos démocraties bourgeoises où les dirigeants sont à la merci des citoyens électeurs, une dose de démagogie est presque de rigueur. Pour en avoir abusé, le maire de Zornstatt, une petite ville lorraine, se trouve, malgré lui mais par sa faute, embarqué dans un enchaînement inexorable où sa carrière politique et sa vie familiale frôlent l'abîme. Pour le plus grand plaisir des citoyens-spectateurs.

Entscheidung des Ministers nicht ab. Das ist den Dornsteinern und Zornstättern gemeinsam.[55]

Am Ende wird sowohl das Öffentliche als auch das Private wieder gut. Den beiden jungen Paaren (gemeint sind die Tochter des Bürgermeisters, Susanna, und ihr Verlobter Adolf Beringer bei Thoma sowie die Tochter des Bürgermeisters, Suzanne, und ihr Freund Richard Steif bei Walter) ist das Glück hold; den beiden Bürgermeistern steht nichts mehr im Wege, in Zornstatt kann man im letzten Bild regelrecht von Apotheose sprechen, wozu besonders „s'rote Bändele" beiträgt. Die „Légion d'Honneur", eine Auszeichnung, nach der sich Gaston Schwarzwald sehnt, ist typisch für Frankreich. Wie wichtig sie für ihn ist, kommt im achten Bühnenbild zum Ausdruck, nachdem er erfahren hat, er sei „uf de Lischt vum 14 Juillet". *Zwische Bläsir un Iwerraschung* sagt er: „Ich wer Chevalier de la Légion d'Honneur!"[56]

Auch seine Frau betont diese Wichtigkeit. Sie erfährt von ihrer Schwägerin, warum ihr Mann einen Nervenzusammenbruch hatte:

Odile: Dies hat'm eigentlich de Chock gemacht. D'Richard hat àngeruft, heb dich gut, er hat m'r g'sat, dass de Gaston uf de Lischt vum 14 juillet isch ...

---

[55] WALTER, D'Autobahn, Manuskript, 9 f.: Odile, Schwester des Bürgermeisters, unterhält sich mit Mme Schwarzwald, der Frau des Bürgermeisters:
Odile: Ich bin sicher, dass'r de Minischter iwerzeicht hat, un dass d'Autobahnzufahrt versetzt werd. De klär Menscheverständ un d'Vernunft sinn uf unsere Seit.
Mme Schwarzwald: Menscheverständ, Vernunft, dies sin e so Schulmeischter Schprink. Du weisch so gut wie ich, dass m'r d'Millione vun de Firma Grünferber geye uns hàn, die, wu di gläne Auto baue […].
Odile: Ja, die wille vun Ihre Fawrick direkt uf d'Autobahn. Wersch m'r doch net wille glawe mache, dass ihre Betrieb Bànkrott gäng, wànn se zwei Kilomeder fahre misste, wànn d'Uffahrt wie sich hert e bissel näher àn unsere Stadt isch!
Mme Schwarzwald: Schun gut un recht, dies kànn m'r awer herumdräje, fer uns Zornstätter isch's selwe, mir sterwe a nit wànn m'r bei de Greenferber uf d'Autobahn kumme...
Odile: Du ergisch dich ohne ze kämpfe! Un's Princip, was machsch mit'm Princip, was unseri Gewäldi, – wu's Volk demokratisch gewählt hat –, beschloss hàn, muss reschpektiert were. S'Allgemeine Wohl geht vor, net s'Privatinteresse vun mànichi.
[56] WALTER, D'Autobahn, Manuskript, 40.

Mme Schwarzwald: F'r d'Légion d'Honneur! A so jetz versteh ich, es isch'm schlecht war àus Bläsir.
Odile: Nä es isch, weyl m'r se refusiert hàn.
Mme Schwarzwald: Refusiert, was hàn'r refusiert?
Odile: Ay d'Légion d'Honneur!
Mme Schwarzwald: Dies glab ich net, 25 Jàhr schafft'r schun dràn, drämt'r devun, Frau un Kind het'r verkaft f'r die grien. Un er hat refusiert?
Odile: G'sisch dànn net dass'es e Fall isch, ihne belohne nà seym kuraschirte Ufftritt in Baris, dies stellt sey gànzi Aktion in Frà'. M'r hat net kinne ànnemme.
Mme Schwarzwald: Ich versteh. Abä, es wundert mich, dass'r noch lebt.[57]

Die wichtigste Veränderung liegt in der Verankerung im Frankreich des 21. Jahrhunderts. Als typisch kann gelten, dass Richard nach Südfrankreich, nach Saint-Raphaël, versetzt wird, denn die französische Riviera ist des Wetters wegen reizvoller.

Aktualisiert ist das Leben der Gestalten gemäß der heutigen Zeit: Suzanne und Richard sind nicht verlobt und haben trotzdem vor, bald in die eigene Wohnung zu ziehen, deshalb ist es Suzanne egal, wenn man sieht, wie sie und Richard sich küssen.[58]

Walter behält die Hauptgestalten bei, jedoch fehlen die Handwerker und städtischen Kleinunternehmer.

---

[57] Walter, D'Autobahn, Manuskript, 45.
[58] Walter, D'Autobahn, Manuskript, 5 f.: Suzanne, vom Bäcker kommend, trifft Richard im Park und überrascht ihn. Seinen Anzug hat sie mit Mehl bestaubt, worauf er reagiert:
Richard: Mey Bletter, jetz luh màl dà … un dà mei Ànzuch gànz voll Mehl…
Suzanne, macht wie wànn's ne abbutze dät, awer es profitiert f'r ne knutsche, hätschle, verschmutze: Mmm, Schatz …
Richard, stuppt's ziemlich brutal zerick: Ay es kànn uns jà er jeder g'sin dà im Park, ich bitt dich, doch net dà…
Suzanne, lacht laut: De Richard Steif isch mey Liebschter, ich bin wàhnsinnich verliebt in de Generalsekretär…
Richard: Adjoint!

Die Lokalbahn	*D'Autobahn*
Handelnde Personen	Persone
Friedrich Rehbein, rechtskundiger Bürgermeister von Dornstein Anna Rehbein, seine Frau Susanna, beider Tochter Karl Rehbein, Major a. D., Bruder des Bürgermeisters Frieda Pilgermaier, Schwester der Bürgermeisterin Dr. Adolf Beringer, Amtsrichter, Bräutigam der Susanna Rehbein	Gaston Schwarzwald, Maire vun Zornstatt, e Stadt in Lothringe Albertine, Frau vum Gaston Suzanne, Dochter vum Gaston un vum Albertine Odile Schwarzwald, Schweschter vum Gaston Frieda, Rätschbäsel, weytleifichi Kusine vum Gaston Richard Steif, junger Beamter àn de Sous-Prefekdur Schleiermeyer, de elscht vum Gemänerat De Adjoint un e paar Gemänerats-mitglieder (Männer un Fraue) E Barrickes (= ein Friseur)

Namen sind mehrfach symbolisch gewählt. Die Stadt ist, wie am Namen zu erraten, von Zorn erfüllt, der sich allerdings leicht besänftigen lässt. Richard heißt zwar Steif mit Nachnamen, kann aber keineswegs Festigkeit als Charaktereigenschaft vorweisen. Vielmehr ist er wie Adolf sehr vorsichtig; beide Männer trauen sich nicht, kritisch zu sein. Gleich am Anfang des Stückes äußert sich Richard über die Entscheidung des Ministers: „Ich erlab mir net àn ere Entscheidung ze rittle, wu vun de hechste Instànze getroff war sin."[59] Dagegen ist Suzanne fort-

---

Suzanne: … von de Sous-Préfecture vun Zornstatt!
Richard: Halt, d'gànz Stadt kànn dich here…
Suzanne: Un nàt? Was isch nàt? Ball grin m'r unseri Wohnung, nà weiss e jeder, dass im Herr Maire sey Mädel mit'm Generalsekretär…
Richard: Adjoint!
Suzanne: … Poussiert!

[59] WALTER, D'Autobahn, Manuskript, 11.

schrittlicher und mutiger als Susanna. Sie erscheint als eine recht emanzipierte junge Frau und wagt es, ihren Eltern zu sagen, es sei nicht mehr so wie früher und Richard solle zwischen ihr und Marianne, der weiblichen Allegorie der Republik, und seiner Karriere wählen.[60]

Interessant ist auch, dass eine Frau die Rolle des Majors übernimmt. Odile, die Schwester des Bürgermeisters, sagt vehement ihre Meinung, äußert sich der politischen Situation gegenüber kritisch und hält sich an Prinzipien. So ist sie dem Major ebenbürtig, der ebenfalls kein Blatt vor den Mund nimmt! Bei Walter gibt es auch weibliche Mitglieder des Gemeinderats, weil sich Frauen heutzutage auch am Leben der Gemeinde beteiligen. Doch die Klatschbasen sind in jedem Stück Frauen.

Bei Walter kommt kein Journalist vor, aber die Presse ist, heute wie gestern, wichtig und anwesend. Ausgerechnet Odile, die mehrere Male vom Schluchzen ihrer Schwägerin unterbrochen wird, liest den Artikel vor, der im *Zornhebdo*, im „Käsblatt"[61], veröffentlicht wurde. Der Journalist berichtet über den Besuch in Paris. Da der Minister sich unnachgiebig gezeigt hat, soll Gustav Schwarzwald sich vehement ausgedrückt haben. Die Sous-Préfecture habe jeglichen Kommentar verweigert. Der Bürgermeister soll Kandidat bei der nächsten Abgeordnetenwahl sein und gedenke, die konservative Partei zu verlassen zugunsten einer Oppositionspartei.[62] Wie in *Lokalbahn* ist die Wirkung des Artikels aufsehenerregend!

Über seine Absichten schrieb Thoma an Albert Langen: „[…] und die Satire geht auf die politische Charakterlosigkeit unseres Bürgertums sowie auf die Phrasendrescherei."[63] Ihnen stellte er die nüchterne Haltung der Bauern gegenüber, wenngleich auch sie zuletzt vor politischem Widerstand zurückschrecken. Diese Gruppe fehlt bei

---

[60] Walter, D'Autobahn, Manuskript, 25.
[61] Walter, D'Autobahn, Manuskript, 26. So äußert sich der Bürgermeister über das lokale Blatt.
[62] Walter, D'Autobahn, Manuskript, 30 f.
[63] Brief an Albert Langen vom 29.10.1901, LB 93.

Walter, der Thoma über Günter Scholdt kennenlernte[64] und durchaus ähnliche Ziele verfolgte:

> „Mit ‚Lokalbahn' habe ich eine gewisse Verwandtschaft mit L. Thomas Zielen gespürt. In der bereits erwähnten sprachlichen Ebene [im östlichen Teil der ‚Moselle' und im Saarland, N. D.] gibt es zwar Theaterstücke auf Dialekt, aber insgesamt weisen sie ein dürftiges literarisches Niveau auf. L. Thoma bedauerte das Niveau der Texte und wünschte sich ein qualitativ gutes Volkstheater. Mit meiner Truppe ‚Lothringer Theater' strebte ich es an, unsere germanischen Dialekte zur Geltung zu bringen, indem sie hoher Literatur begegneten."[65]

Zweifelsohne kann man bei dieser Bearbeitung von einem höchst spannenden Unternehmen sprechen: Thoma, selbst großer Dialekt-Spezialist, bietet einem Autor die Möglichkeit, ein Stück in ‚Regiolekt' ins Rampenlicht zu stellen und die sogenannten ‚Langues régionales' zu fördern.

Fazit

Wenn man in Frankreich den Namen Ludwig Thoma nennt, so ruft er nur wenig Echo hervor. Erwähnt man seine Tätigkeit beim *Simpli-*

---

[64] WALTER, D'Autobahn. Très librement adapté de la pièce de LudwigThoma ‚Die Lokalbahn' sur l'aimable recommandation de M. Le Professeur Günter SCHOLDT, Directeur des Archives Littéraires transfrontalières Sarre-Lor-Lux-Elsass.

[65] Walter, in einer E-Mail an die Verfasserin: „Lors du Festival ‚Mir redde Platt' de la Ville de Sarreguemines en 2003, Le Professeur Scholdt a été séduit par ma traduction du Malade Imaginaire, ‚D' Inbildungskranke', je suis devenu membre de son association littéraire transfrontalière ‚Melusine'. [...]
Avec ‚Lokalbahn', j'ai ressenti une certaine proximité avec les objectifs de L. Thoma. Il existe dans l'espace linguistique précité une pratique théâtrale dialectale, mais dans l'ensemble de faible niveau littéraire. L. Thoma déplorait le niveau des textes et souhaitait un théâtre populaire de qualité. J'avais avec ma troupe ‚Lothringer Theater' l'ambition de valoriser nos dialectes germaniques en leur faisant côtoyer de grands textes.

cissimus, reagieren zwar Geschichtsspezialisten auf den Namen der Zeitschrift – was aber nicht bedeutet, dass sie auch deren Redakteure kennen. Französischen Literaturhistorikern, vor allem den Germanisten unter ihnen, ist Ludwig Thoma natürlich geläufig, sie wissen auch um die Verdienste des Bayerndichters. Seine beiden bekanntesten Werke in Frankreich sind die *Lausbubengeschichten* und die *Lokalbahn*. Dahinter stehen zwei bemerkenswerte Leistungen: Henry Chauchoy hat die Erzählungen für ein französisches Lesepublikum bearbeitet, und Alphonse Walter hat die Bühnenbearbeitung der *Lokalbahn* erstellt. In dieser Komödie verschaffte gerade der Dialekt, der die Rezeption hätte behindern können, dem Autor Thoma eine – wenn auch kleine – unerwartete Renaissance in Frankreich.

‚Der reine Bauer in der Arena der deutschen Literatur'

Oskar Maria Graf liest Ludwig Thoma

Waldemar Fromm

Vorbemerkung

Die Rezeption Ludwig Thomas erhält ihre Brisanz im Rahmen der Literatur in Bayern aus der Konkurrenz von Autorschaftsmodellen, hier verstanden als Positionierungen im literarischen Feld, um Autorität zu generieren.[1] Beispiele für regional verstandene Autorinnen und Autoren, die potenziell miteinander innerhalb des literarischen Feldes wetteifern könnten, sind unter anderen Ludwig Ganghofer, Ludwig Thoma, Emerenz Meier, Josef Ruederer, Lena Christ und Oskar Maria Graf. Ganghofer und Thoma haben sich nicht als Konkurrenten verstanden, Lena Christ wurde ihnen lediglich zum Gegenstand, über den sich literaturkritisch urteilen ließ, auch wenn Lena Christ in einem Brief an Thoma vom 4. Februar 1913 diesen als bayerischen Autor herausgefordert und neben die *Lausbuben-* die *Lausdirndl*-Geschichten gestellt hat.

---

[1] Begriff nach Christian Sieg, wie er ihn in dem folgenden Band verwendet: Christian SIEG, Die ‚engagierte Literatur' und die Religion. Politische Autorschaft im literarischen Feld zwischen 1945 und 1990. Berlin/Boston 2017. Vgl. auch Torsten HOFFMANN / Daniela LANGER, Autor. In: Thomas ANZ (Hg.), Handbuch Literaturwissenschaft. [Gegenstände – Konzepte – Institutionen]. (1). Stuttgart 2007, 131–170.

„Lieber Freind!
Theile Dir mit, das Du geschrieben hast, es heißt Akrügola das ist das buch u. die Gschicht das ist die wahlfahrt. lieber Freund, indem daß keinen solchenen Heulingen Raso in Andecks nicht mer gibt indem das schon Einer in dem schenen Wahlfahrts-Ort Grafrat ist, der hülft wir leibschähn und wir die galenstein, aber in Andecks ist grad der +++ *Heulige berg* Und die liebe Frau, indem das Dich das Zendrum so nicht mögn weilstas Ynen a so gmugt hast die gengan alle jar wallfahrten zun +++ Heulingen berg Andecks und zun Heulingen Raso und auf Alnöding. Bald es diese einmahl under die augen kimt dan sagen *Sie der Thoma is ein heng Schibell* denn es is gar nichts *Wahr*.
Bitschen schdreichs aus
Es grüsst Dich
Deine
teiere landsmeninn
Leni Christ bei den Handschuster
Entschuldige die schlechte Schrief und das papir
aber es war schon zu!"[2]

Die Genealogie bayerischer Autorschaft, wie sie nach 1900 ausgebildet wurde, setzt oftmals Ludwig Thoma als Stammvater. Von ihm aus leiten sich Darstellung und Komik bayerischer Themen her. Zugleich muss Thoma innerhalb eines literarischen Feldes als Ahne bayerischer Literatur umstritten sein, da sich ein solches Feld über den Wettbewerb um die Meinungsführerschaft konstituiert.

Josef Ruederers Bild des Autors in *Der Hohe Schein. Ein prähistorischer Epilog aus alten Urkunden gesammelt*,[3] 1907 erschienen, enthält

---

[2] Lena CHRIST, Dramen. Bauern und andre Erzählungen. Madam Bäuerin. Briefe, hg. v. Walter SCHMITZ, München 1990, 339.
[3] Josef RUEDERER, Der Hohe Schein. Ein prähistorischer Epilog aus alten Urkunden gesammelt. In: Die Münchner Moderne. Die Literarische Szene in der Kunststadt um die Jahrhundertwende, hg. v. Walter SCHMITZ. München 1990, 414–428. „Der hohe Schein" ist eigentlich ein Romantitel von Ludwig Ganghofer, den Ruederer satirisch verwendet, um diesen zu karikieren.

bereits ein Bild der Person Thomas, das ins kommunikative Gedächtnis eingegangen ist, wenn man etwa die spätere Darstellung in Feuchtwangers *Erfolg* bedenkt. Zu Thoma heißt es dort verschlüsselt als Dichter Matthäi:

> „Herr Hessreiter ging dem Hofgarten zu. Er nahm heute sogar dem Dichter Matthäi [d. i. Ludwig Thoma, Anm. W. F.], dem Klassiker in der Darstellung oberbayrischen Lebens, seine Worte krumm. Grantig wie er war, neigte er dazu, ganz allgemein den Gegnern des Dichters Lorenz Matthäi recht zu geben. War der Lorenz nicht einmal ein Rebell gewesen? Hatte er nicht saftige, bösartige Gedichte gemacht gegen die harte, ichsüchtige dumme, heuchlerische Verstocktheit des bayrisch klerikalen Systems? Es waren tapfere Verse gewesen, den Gegner mit photographischer Akribie treffend. Aber jetzt war er fett geworden, wir wurden wohl alle fett, sein Witz war verstumpft, seine Zähne fielen aus. Nein, es war nichts mehr Erfreuliches an dem Dr. Matthäi; Herr Hessreiter begriff nicht, warum er so herzlich mit ihm stand."[4]

Feuchtwanger zeigt einen Thoma, der zu Beginn der Weimarer Jahre seinen bayerischen Markenkern verloren hat, die Rebellion gegen Politik und Obrigkeit. Die Darstellung legt zugleich eine Kontroverse in der Thoma-Rezeption offen, zu der sich jeder Autor bzw. jede Autorin verhalten muss. Ruederer schreibt im *Hohen Schein*:

> „Alle waren darin einig, daß es im ganzen Urwald keinen famoseren Kerl gebe als den Ludwig Hofganger [d. i. Ganghofer, Anm. W. F.]. Der Dichter hatte nämlich eine prächtige Art, allen gerecht zu werden: er war so fabelhaft objektiv. So hegte er, trotzdem er selbst ein ausgesprochener Optimist war, doch auch eine große Achtung vor den Pessimisten. Er sagte zwar, daß er sich in

---

[4] Lion FEUCHTWANGER, Erfolg. Drei Jahre Geschichte einer Provinz. Berlin ²1995, 34.

ihre Weltanschauung nicht recht hineindenken könne, immerhin bemühte er sich, sie zu verstehen, vor allem seinen Hauptkumpan, den Peter Schlemihl [ein Pseudonym von Thoma, Anm. W. F.], der nördlich der Alpen ein der Regierung schroff opponierendes Blatt leitete, den ‚Serenissimus' [der Heiterste, der Durchlauchigste, Anm. W. F.]. Dieser Mann mit den wilden, langen Haaren und dem durchbohrenden Blick war ein blutrünstiger Anarchist, der nur mit dem scharf geschliffenen Messer herumlief. In früheren Jahren soll er damit sogar den Ludwig Hofganger gelegentlich bedroht haben und gar nicht so gut auf ihn zu sprechen gewesen sein, aber das ist lange her, auch sind es unverbürgte Gerüchte, und durch die Jagd und durch das Kreisen der Becher gab sich das langsam, wandelte sich nach und nach sogar in die zärtlichste Freundschaft."⁵

In der satirischen Zuspitzung erscheint Thoma als eine gewalttätige Person, die sich an keine Regeln hält. Der „blutrünstige Anarchist" kann für jeden zur Gefahr werden, und nicht nur für die Regierung (oder später für die Demokratie). Der Auszug aus dem Text von Ruederer bildet eine Urszene der Rezeption ab. Sie wirft den Fehdehandschuh mindestens so aggressiv in das Feld der Rezeption, wie es Thoma unterstellt wird. Thoma hat entsprechend nicht mit Kritik an Ruederer gespart. So schreibt er über seinen Kollegen:

„Dagegen war mir seine [Ruederers, Anm. W. F.] ganze Art, Land und Leute daheim zu schildern, unsympathisch. [...] Er hatte die Ansichten eines allem Ländlichen ferne stehenden Städters, und er war in der Art zu urteilen und sein Urteil zu äußern ein waschechter Münchner, so wenig er auch dafür gelten wollte. [...] Er spricht von dem Schnackerlhaften, Spielerischen, das die *Oberbayern* an sich haben, von ihrer Renommiererei, die Taten ersetzen soll, von der ewigen Holdriogaudi.

---

⁵ RUEDERER, Der hohe Schein, 417.

Da ist kaum über die Theresienwiese hinausgesehen. [...] Schon in der nächsten Nähe der Hauptstadt sitzt eine arbeitsame Bevölkerung, die sich Eigenart bewahrt hat und von Fremdenindustrie und Holdriogaudi gänzlich unberührt geblieben ist.
Ruederer kannte sie nicht, und das war echt münchnerisch. [...]"[6]

In dem Zwist beider Autoren ist die Differenz von Stadt- und Landperspektive auf den Gegenstand angesprochen. Ruederer schreibe als Städter, Thoma hingegen aus der Sicht der Landbevölkerung – so Thoma. Wie schwach das Argument ist, kann man an den biographischen Hintergründen erkennen: Beide waren ebenso in der Stadt wie auf dem Land heimisch. Die Erfahrungshaushalte beider markieren nicht den Unterschied, sondern die Frage, was man als „bayerisch" betrachtet und was nicht. Es bestand um 1900 keinesfalls Einigkeit darüber, wie der Gegenstand einer bayerischen Literatur beschaffen sein solle. Vielmehr stand er von Beginn an in der Diskussion – so auch bei Graf.

Graf hat seine Wertschätzung für Thoma erst sehr spät relativiert. In einem Brief an seinen Münchener Verleger Desch schreibt er, dass sein *Großer Bauernspiegel*, in dem er 1962 die Kalendergeschichten vom Land neu herausgab, weit über die Leistungen Ludwig Thomas und Lena Christs hinausgehe, „weil er umfassender ist und nicht mehr im Heimatlichen allein, sondern im Menschlichen, Schicksalsmäßigen das Ziel der Gestaltung" findet.[7] Auch hier wird die Darstellung der bayerischen Bauern zum zentralen Merkmal bayerischer Autorschaft und die Konkurrenz der Autoren um ihre angemessene Darstellung offenbar.

---

[6] Ludwig THOMA, Erinnerungen an Josef Ruederer. In: Josef RUEDERER, München, hg. v. Walter HETTCHE / Waldemar FROMM. München 2012, 113–117, hier 113 f.
[7] Oskar Maria Graf in seinen Briefen, hg. v. Gerhard BAUER / Helmut F. PFANNER. München 1984, 304.

Grafs Thoma-Rezeption in den 1920er Jahren

Grafs erste ausführliche Beschäftigung mit Thoma findet in den Jahren 1926/27 statt. In der Zeitschrift *Das Welttheater. Zeitschrift der Münchener Volksbühne* (hg. v. Ernst Leopold Stahl) erscheint 1927 ein Beitrag zum Gedächtnis Ludwig Thomas.[8] Anlass war der 60. Geburtstag. Graf folgt im Artikel dem Tenor anderer Würdigungen, etwa dem Beitrag von Karl Alexander von Müller in den *Münchner Neuesten Nachrichten* vom 5. März 1927, in dem es heißt: „Der Künstler war [bei Thoma] stärker […] als der Politiker, der Humorist stärker als der Satiriker."[9]

In dem *Volksbühnen*-Aufsatz beschränkt sich Graf auf den frühen Thoma. Ausdrücklich erwähnt werden lediglich die Bauerngeschichten und Satiren aus dem *Simplicissimus*. Direkte Bezüge zur Skizze von Ruederer lassen sich in Hinsicht auf das Bild der Person herstellen: Thoma sei „derb", „scharf", „überheblich" und „ungehobelt" gewesen, voll „Kampfeslust". Graf bündelt diese nicht unbedingt positiven Attribute, indem er Thoma als „bodenständigen", „echten Kerl" versteht, der eigentlich nur seine Gegner „derbleckt" habe. Aggression wird als Etikett „bayerischer" Art und als soziales Handeln verstanden:

> „[E]r wirft sich mit seiner ganzen derben Kraft gegen das Mucker- und Byzantinertum der verflossenen wilhelminischen Ära […] die ganze Unnatur um ihn herum zwang ihn dazu. Eigentlich befand er sich sein Leben lang – und dies ist das echt Bäuerliche an ihm – in, gewissermaßen, einer ständigen Abwehrstellung."[10]

---

[8] Oskar Maria GRAF, Zum Gedächtnis des 60. Geburtstag. Aus einer Rede. Das Welttheater. Zeitschrift der Münchener Volksbühne, 1927 H. 3, 58–63.
[9] Münchner Neueste Nachrichten v. 5. März 1927.
[10] GRAF, Zum Gedächtnis des 60. Geburtstag, 59.

Literatur erscheint als Notwehr gegen soziale Umstände, erst diese formulierte Autorschaft. Graf stellt Thoma so dar, dass dieser ob der Umstände geradezu gezwungen würde, gegen den Wilhelminismus vorzugehen. Graf arbeitet mit einer Opposition von natürlicher und künstlicher Wesensart und ist gerade in der Zuschreibung von „Natürlichkeit" als Deuter Thomas zu erkennen. In der Literatur ist eigentlich alles Darstellung. Graf sieht das jedoch anders und glaubt an den „reinen" Autor:

> „Nehmen wir einmal einen Bauern, der – so wie er ist – ohne sein Zutun ins Gewirr unserer Gesellschaft kommt. Sehen wir uns einmal diesen Bauern genauer an. Sein ganzes Herkommen, sein Verwachsensein mit der Natur, seine lebenslängliche Arbeit mit der Erde und mit nichts anderem, haben ihn zu einem völlig unmittelbaren Menschen gemacht. Er ist in allem überlegener als wir, weil er über keine angelernte Klugheit, sondern über eine instinktive Klugheit verfügt. […] Ihm werden von vornherein all unsere Angelegenheiten und Wichtigkeiten seltsam verschroben vorkommen. Er sieht schärfer in unsere hohle Weisheit […] Wird er gezwungen, in dieser Gesellschaft zu bleiben, so wird er wie von selbst gegen sie aufstehen […]."[11]

Gesellschaftskritik entsteht hier außerhalb der Gesellschaft. Ein Bauer ist eigentlich Teil der Gesellschaft – er wird aber bei Graf zum Anderen der Gesellschaft. Die „instinktive Klugheit" soll das nochmals unterstreichen. Der Autor als Bauer ist wie ein Rousseausches Naturkind inszeniert. Graf stellt Thoma als „wahren Volksdichter" vor, der den „Ton von Heimat und den Klang des Volkes" in seiner Sprache darstelle. Aufgrund dieser Fähigkeit zur natürlich-naiven Darstellung sei „bayerisches Denken", „bayerische Art der Auffassung und der Auslegung" von Welt deutschlandweit bekannt geworden.[12] Diese Einschätzung teilt er mit Josef Hofmiller, der vergleichbar davon gesprochen hat, Thoma habe

---

[11] GRAF, Zum Gedächtnis des 60. Geburtstag, 61.
[12] GRAF, Zum Gedächtnis des 60. Geburtstag, 59.

das Baierische zur Sprache gültiger Literatur erhoben.[13] Dieser erste Beitrag von Graf erhebt Thoma in den Stand eines zeitlosen Klassikers.

In der Einleitung aus dem Jahr 1927 zur Buchgemeinschaftsausgabe von Ludwig Thomas *Der Wittiber* (1911) wiederholt Graf seine Deutung und konkretisiert sie in Hinsicht auf literarische Aspekte. Der „echte Kerl" wird nun innerhalb der Stellung des Künstlers zu seinem Werk positioniert:[14] Er bürgt für die Natürlichkeit, wobei gemeint ist, dass die literarischen Texte ohne Abstraktionen auskommen. Der Stil sei „unkompliziert, völlig eindeutig und echt",[15] Thoma der „reine Bauer in der Arena der Literatur".[16] Daraus folgt sein Stil: „Er kam von daher, wo man nicht anklagen, nicht wettern und nicht predigen kann, ohne sozusagen das Wort ins Bild umzusetzen; er blieb in allem Mensch seiner Heimat, mit dem Gemüte denkender Bauer."[17]

Die Erzählweise wird von Graf aus der Natürlichkeit abgeleitet, weil Thoma das Wort ins Bild übersetze. Angesprochen wird damit das Erzählen in einer basalen Funktion: nicht Reflexion über die Welt, sondern Einkleidung des Begriffs in eine Handlungsabfolge. Für Graf ist dies „das letzte Wunder eines erzählenden Menschen":[18]

> „Ein Bauer fängt immer an mit einer Episode, er ist ohne Absicht episch […] er muss, um überhaupt Fühlung zu einer Angelegenheit zu bekommen, seiner Aussage die Erläuterung geben, er verlangt, statt nach einer Erklärung, nach einem sinnfälligen Beispiel. Dies ist das letzte Wunder eines erzählenden Menschen."[19]

---

[13] Siehe Bernhard GAJEK, Von der Schwierigkeit, Nationaldichter zu sein. Ludwig Thomas Beitrag zur bairischen Literatur. In: Colloquia für Dieter Schwab zum 65. Geburtstag, hg. v. Diethelm KLIPPEL / Hans-Jürgen BECKER / Reinhard ZIMMERMANN, Bielefeld 2000, 51–65, hier 64.
[14] GRAF, Über Ludwig Thoma, 6.
[15] GRAF, Über Ludwig Thoma, 6.
[16] GRAF, Über Ludwig Thoma, 10; vgl. Oskar Maria GRAF, Dem Gedenken Ludwig Thomas Rede vor den Deutschprofessoren der Princeton-, der John-Hopkins- und der Maryland-Universität 1944. In: Oskar Maria GRAF, An manchen Tagen. Reden Gedanken und Zeitbetrachtungen. Frankfurt/M. 1961, 48–75, hier 61 f. Dort vergleicht Graf Thoma mit anderen Autoren der Heimatkunst.
[17] GRAF, Über Ludwig Thoma, 8.
[18] GRAF, Über Ludwig Thoma, 9.
[19] GRAF, Über Ludwig Thoma, 9.

Mit dem „sinnfälligen Beispiel" spielt Graf auf die religiöse Tradition des Erzählens und volkstümliche Formen an, die sich daraus entwickelt haben. Zu fragen ist, ob Grafs Vorbemerkung zu *Wittiber* nicht eher eine Selbstprojektion denn eine tatsächliche Analyse Thomas darstellt. Jedenfalls wünscht sich Graf diesen unmittelbaren Erzähler herbei.

Grafs Thoma-Bild während der Exilzeit

Der komplexeste Text Grafs über Thoma stammt aus der Zeit des Exils. 1944 hält er eine Rede vor Germanistikprofessoren. Die Rede bietet eine Zusammenfassung seiner bisherigen Texte, Graf rahmt seine Überlegungen aufgrund der politischen Situation jedoch neu. Er möchte Thomas Werk auch unter den veränderten Bedingungen des Exils verteidigen und versucht, die Indienstnahme von dessen Werk durch den Nationalsozialismus zu relativieren: Das NS-System habe die Rechte am Werk illegal von der Erbin übernommen und verstehe nicht, dass das Werk Thomas nicht der Ideologie des Nationalsozialismus entspreche.[20] Graf findet bei Thoma ganz im Gegenteil dazu seine Vorstellung von Volk, über die er schreibt:[21]

„Was haben die Völker gegeneinander?

Eigentlich – nichts.

Sie lieben den Frieden, die Arbeit, das Recht, sie wollen ehrlich verdienen und sparen. Sie denken nicht daran, Leben, Gesundheit, Wohlfahrt für kriegerische Abenteuer einzusetzen."[22]

---

[20] Vgl. GRAF, Rede über sich selbst und Deutschland. Reden und Aufsätze aus dem Exil, 91.
[21] Vgl. GRAF, Rede vor den Deutschprofessoren der Princeton-, der John-Hopkins- und der Maryland-Universität 1944, 55.
[22] Vgl. GRAF, Rede vor den Deutschprofessoren der Princeton-, der John-Hopkins- und der Maryland-Universität 1944, 52.

Die Rede über Thoma eröffnet Graf mit einem problematischen Punkt. Das ist Thomas Engagement während des Ersten Weltkriegs. Historisch gesehen ist Thoma ein Kulturkrieger und steht Grafs Pazifismus und Antimilitarismus diametral entgegen.[23] Graf folgt weitgehend der Darstellung von Thoma in dessen *Erinnerungen*, deutet sie jedoch mit einem zeitdiagnostischen Blick um. Thoma sei zum „Hurrapatrioten" geworden, weil er die Orientierung verloren habe. Thoma habe gemeint, „das Volk" hätte in der Monarchie „den passenden Staat" gehabt.[24] Und tatsächlich schreibt Thoma in den *Erinnerungen*: Reformen, hätten „[…] auf dem Boden der alten Gesellschaftsordnung […] das Glück und die Größe Deutschlands sichergestellt."[25] Die Neuerungen in Literatur, Kunst und Politik lehnte er ab.[26] Die Mitgliedschaft Thomas in der 1917 gegründeten nationalistischen Deutschen Vaterlandspartei wird nicht direkt erwähnt, aber überaus deutlich umschrieben. Thoma konnte seine

> „endgültige Stellung zur Welt nicht klären […] er war voll Widersprüche [… und] verstand das ‚Neue' nicht mehr. Er fing an zu poltern und zu raunzen, und was dabei herauskam […] war zum Teil recht unerfreulich, recht mißverständlich und oft geradezu kannegießerisch dörflerisch […] vollkommen blind […]."[27]

Graf setzt auf den Thoma des *Simplicissimus* und der Bauerngeschichten und trennt das Werk in zwei Phasen, eine liberale und eine verwirrte, die zu korrigieren der frühe Tod Thomas verhindert hätte. Als Beispiel dient Graf Thomas Mann. Wie Mann habe Thoma den Unterschied zwischen dem Volk und jenen, die es „mißleiten", erkannt:

---

[23] Zum Begriff vgl. Barbara BESSLICH, Wege in den „Kulturkrieg". Zivilisationskritik in Deutschland 1890–1914. Darmstadt 2000.
[24] Vgl. ‚Das deutsche Volk und Hitlers Krieg'. In: GRAF, Reden und Aufsätze aus dem Exil, 218.
[25] Ludwig THOMA, Erinnerungen. München 1983, 212.
[26] THOMA, Erinnerungen, 211.
[27] GRAF, Rede vor den Deutschprofessoren der Princeton-, der John-Hopkins- und der Maryland-Universität 1944, 49.

„Auch Thomas Mann schrieb damals seine schriftstellerisch glänzenden ‚Betrachtungen eines Unpolitischen', die voll von Verkennung und Ressentiments sind [...] Viele Jahre später [...] hat er seine Irrtümer eingestanden und widerrufen. Thoma fand keine Zeit mehr dazu."[28]

In den *Betrachtungen eines Unpolitischen* hat sich Thomas Mann für einen Kulturkrieg ausgesprochen – deutsche Kultur gegen französische Zivilisation. Er leistet deshalb einen „Gedankendienst" anstelle des Dienstes auf dem Kampffeld. Er verlangt eine mimetische Anverwandlung an die Situation des Krieges und begibt sich auf den „Schauplatz eines geistigen Krieges".[29] Zu Beginn der 1920er Jahre rückt Thomas Mann von diesen Vorstellungen ab und bekennt sich zur Weimarer Republik.

Der Vergleich mit Mann ermöglicht es Graf, im Jahr 1944 Thomas Werk gegen dessen nationalsozialistische Vereinnahmung zu positionieren. Warum er so argumentiert, versteht man erst, wenn man den Blick von den (kultur)politischen Implikationen zu den ästhetischen Überlegungen wendet. Thoma ist für Graf ein Vehikel, Volk und Sprache aufeinander zu beziehen:

„Die ewige Quelle der Sprache aber war, ist und bleibt das Volk, die natürliche Gemeinschaft, aus der man stammt, und je mehr eine Sprache in diesem Volk ‚daheim bleibt', umso unzerstörbarer ist sie. [...] Das Volk ist der Körper, seine Heimat ist die Seele, und die Sprache ist der Geist, durch welchen das Menschliche dieser Einheit zum Ausdruck kommt. Erst die Erfülltheit von Volk und Heimat, die aus einem Dichterwerk spricht, macht es für alle Völker und Zeiten gültig."[30]

---

[28] Ebd.
[29] Thomas MANN, Betrachtungen eines Unpolitischen. Frankfurt/M. 2004, 31 f.
[30] GRAF, Rede vor den Deutschprofessoren der Princeton-, der John-Hopkins- und der Maryland-Universität 1944, 48.

Die „Erfülltheit des Werkes durch Volk und Heimat" stellt zwischen Werk und Lesenden ein Einverständnis her, das bereits zwischen Text und Gegenstand herrscht. Entsprechend sieht Graf bei Thoma einen „sehr lebendigen Humanismus" wirken. Wie für einzelne Vertreter in der Thoma-Forschung gründen für Graf die Facetten des Werkes und der Person in dem Moralisten Thoma.[31]

Das Thoma-Bild in der Zeit des Nachexils

Grafs späte Bemerkung zu Thoma in *Gelächter von außen* von 1966 zeigt dann trotz der vehementen Verteidigung erste kritische Töne.

„Widerstrebend und verärgert, mußte ich es nun hinnehmen, daß man mich von jetzt ab [1924, Anm. W. F.] nur noch ,bayrisch' nahm. Und frecherweise bedeutet ja für Nicht-einheimische ,bayrisch' fast immer so etwas wie ein herzerfrischendes Hinterwäldlertum auf Bauernart, eine mit dem dicken Zuckerguß sentimentaler Verlogenheit reizend garnierte Gebirgsjodler-Idylle, ein schlicht-inniges bierkatholisches Analphabetentum als Volkscharakter und im besten Falle eine bäuerlich-pfiffige Gaudiangelegenheit. Rundheraus gesagt also: etwas entwaffnend Einfältiges, über das jeder Mensch eben wirklich nur noch lachen kann. Dafür sorgten meine Vorgänger bis hinauf zu Ludwig Thoma reichlich, und das Unappetitliche dabei ist: Während sich zum Beispiel die Juden mit vollem Recht und natürlicher Selbstverständlichkeit ganz entschieden gegen jeden Antisemitismus wehren, reagieren wir geschäftstüchtigen, animalisch gefallsüchtigen Bayern gegen den von uns selbst geschaffenen Antibavarismus völlig entgegengesetzt. Wir hegen

---

[31] Rudolf LEHNER, Der Moralist Ludwig Thoma. In: Albrecht WEBER, Handbuch der Literatur in Bayern. Vom Frühmittelalter bis zur Gegenwart. Regensburg 1987, 359–372.

und pflegen, hätscheln und steigern ihn, damit uns nur ja die ganze Welt als ein Volk von ‚blöden Seppln' ansieht."³²

Diese späte Beurteilung gibt angesichts der Konstanz des Rezeptionsgeschehens bei Graf zunächst Rätsel auf. Sie lässt sich nur erklären durch die Veränderungen im literarischen Feld bayerischer Autorinnen und Autoren und den Relationen der einzelnen Akteure darin zueinander. Nun gehört auch Thoma zu einer Gruppe von Autoren, die Bayernstereotype pflegen. Dieser soll als „literarisches Vorbild unergiebig" gewesen sein, weil er Bayern auf den Bauerntypus beschränkt, aber kaum an die Arbeiter denkt, die ebenso Bayern sind.³³

Von der Sache her hat Graf Recht. Er verwendet den Begriff „Volk" in einem übernationalen Sinn selbst. Warum aber werden ihm die Unterschiede erst so spät klar? Eine Briefnotiz von Feuchtwanger aus dem Jahr 1937 zeigt, dass Grafs eigenes spätes Urteil über zwanzig Jahre zuvor von Feuchtwanger an ihn herangetragen wurde und Graf es zunächst nicht angenommen hat.

> „Zu Ihren Anmerkungen über Thoma: Ich freue mich, daß Sie so begeistert über ihn schreiben, aber ich glaube, wenn Sie erst heute mit seinem Werk zusammenträfen, dann würden Sie ihn bei aller Hochschätzung seiner Qualitäten doch nicht in die allererste Stelle rücken. Ich brauche Ihnen nicht zu sagen, daß ich Thoma sehr liebe, vor allem gewisse Kurzgeschichten von ihm, aber es ist meine tiefe Überzeugung, daß unter Ihren Kalendergeschichten einige sind, die das Wesen des bayrischen Menschen unserer Zeit zentraler sehen als Thoma dies tat. Bei Thoma ist bei aller Schärfe des Blicks doch zuviel voreingenommene Liebe. Sie, lieber Oskar Maria Graf, sind bösartiger, was in diesem Fall ein außerordentliches Plus bedeutet.³⁴

---

32 Oskar Maria GRAF, Gelächter von außen. Aus meinem Leben 1918–1933. München 2017, 86.
33 GRAF, Gelächter von außen, 224 f.
34 Feuchtwanger an Oskar Maria Graf, Brief vom 10.10.1937. In: Lion FEUCHTWANGER, Briefwechsel mit Freunden 1933–1958, Band I, hg. v. Harald von HOFE / Sigrid WASHBURN. Berlin / Weimar 1991, 413 f.

Aus der Sicht von Feuchtwanger ist Graf eben das, was er dem späten Thoma abgesprochen hat, ein Rebell – denn in diesem Sinne ist das Wort „bösartig" gemeint. Graf arbeitet sich an Thoma wie an einem Klassiker ab. Er braucht sehr lange, bis er selbst den Eindruck gewinnt, ihn überwunden zu haben – ein klassischer Vatermord.

Thoma, ein bayerischer Nationaldichter?

In der direkten Konkurrenz zu Thoma rückt Graf seine Stellung in der Literaturgeschichte zurecht. Auch dazu bedurfte es offenbar eines Autors wie Thoma:

> „Das Bayrische war nur eine Hälfte von mir! Die andere unterschied sich sehr gründlich davon. Ein kaltes Grauen fiel mich an, wenn ich mir ausmalte, etwa wie Thoma zum allbeliebten bayrischen Nationaldichter aufzusteigen und auf diese Art behäbig mein weiteres Leben abzulegen. Thoma kam aus der Welt des ländlich-soliden, gehobenen Bürgertums und hatte nie die Schrecknisse, die Wirrungen und das ratlose Ausgeliefertsein an die unbekannten rohen Lebenstücken durchzustehen gehabt wie ich. Wirklicher Hunger, grausige Not, von Kind auf hineingeprügelter Menschenhaß, Unsicherheit und Mißtrauen allem und jedem gegenüber blieben ihm zeitlebens ebenso unbekannt wie zügellose, antimoralistische Boheme, wie Klassenkampf, Sozialismus, Revolution und unkontrollierbarer, gefährlicher Masseninstinkt. Er kannte weder den Arbeiter noch das Lumpenproletariat. Er blieb von Anfang bis zu seinem Ende auf eine patriarchalische, tief konservative Art mit dem Bauern verbunden und liebte ihn, wie alles, was von ihm kam und ihn umgab. Mir galt und gilt der Bauer schriftstellerisch immer nur als Mensch wie jeder andere Mensch, der nur zufällig ins ländliche Leben hineingeboren ist. Abgesehen von der Daseinsart, die ihm von seiner Umgebung aufgezwungen wird, ist er das gleiche fragwürdige, nutzungs- und triebgefangene arme Luder wie

wir alle. Eben deshalb blieb für mich Thoma als literarisches Vorbild unergiebig, um so mehr aber beeinflußten mich in dieser Hinsicht Jeremias Gotthelf und Tolstoi. Am meisten aber lernte ich – ein unfertiger Sechzehnjähriger, der aus dem handwerklich-bäuerlichen Dorf in den zerfahrenen Intellektualismus der städtischen Boheme und von da ins Proletarisch-Politische hineingerissen wurde –, indem ich bei der Darstellung meiner literarischen Figuren stets unbarmherzig in meine Charakterwinkel hineinhorchte und daraus die Kenntnisse der Menschennatur bezog. Das erkannten nach und nach manche meiner ernsthaften Beurteiler, und meistens waren das nichtbayrische Literaturkritiker. Nur so erklärt sich, daß ich schließlich auswärts – in Berlin, in Hamburg, im Rheinland und in Schlesien – einen klangvollen Namen bekam."[35]

Es ist aufschlussreich, dass Graf über die Rezeption seines eigenen Werks seinen Abstand zu Ludwig Thoma realisiert und sich als überregionaler Autor konzipiert. Sobald er sich in direkter Relation zu Thoma betrachtet, leidet das Bild Thomas erheblich. Als Autor der Literaturgeschichte Bayerns betrachtet, bleibt Thoma eine konstante Größe im literarischen Kosmos.

Noch im Jahr seines Todes 1967 verfasst Graf zwei Würdigungen zu Thomas 100. Geburtstag, in denen er zu seinen bekannten Beurteilungen zurückkehrt. Er beschreibt den „unerfreulichen Thoma nach 1914 bis zu seinem Tod und weist auf den frühen Thoma hin, der sich gegen die Obrigkeit in Stellung gebracht und den „Unterschied zwischen dem Volk und jenen, die es mißleiten" betont hat.[36] Deutlicher wird in diesem letzten Blick Grafs auf Thoma die Tradition, in der er ihn (und sich) positioniert: Es ist die Reihe von Volks-

---

[35] Graf, Gelächter von außen, 224.
[36] Oskar Maria Graf: Der politische Thoma. Zum 100. Geburtstag am 21. Januar. In: Frankfurter Rundschau v. 21. Januar 1967, mit Varianten auch abgedruckt in: Ein großer Bayer. Zum 100. Geburtstag von Ludwig Thoma. In: Süddeutsche Zeitung v. 21./22. Januar 1967.

erzählern, von Berthold Auerbach über Peter Rosegger bis Anzengruber. Graf versteht Thoma als Erneuerer, der sich von deren Heimatkunst abzusetzen vermochte und stellt den „reinen Bauern in der Arena der deutschen Literatur" neben Lena Christ, dieses, wie es heißt „Stück rohe, unberechenbare Natur".[37] Bayerische Autorschaft legitimiert sich durch einen Rückgriff auf ungeformte „Natur" als Plasma des Lebens.

---

[37] GRAF, Der politische Thoma, ebd.

Anhänger oder Antipode?

Peter Schers ambivalentes Verhältnis zu Ludwig Thoma

Michael Pilz

I.

Der Lyriker und Feuilletonist Peter Scher war zwischen 1914 und 1929 mit wechselnder Verantwortlichkeit Redakteur des *Simplicissimus* und insbesondere in den 1920er Jahren mit seinen satirischen Zeitgedichten und Glossen einer der literarischen Hauptbeiträger dieser Zeitschrift.[1] Während sich die Germanistik einigen seiner Redaktionskollegen wie Hans Erich Blaich (alias Dr. Owlglass) oder Hermann Sinsheimer bereits eingehender angenommen hat[2] und insbesondere Ludwig Thomas journalistische Praxis – nicht nur in Bezug auf den *Simplicissimus* – fundiert aufgearbeitet worden ist,[3] ist dies bei Scher noch keineswegs der Fall. Im Gegenteil: Die wenigen vorliegenden Einschätzungen seiner Positionierung innerhalb des Kreises

---

[1] Zwischen 1910 und 1943 erschienen im *Simplicissimus* insgesamt 960 Texte unter dem Namen „Peter Scher", weitere 374 unter dem alternativen Pseudonym „Emanuel" und 152 unter der Marke „Trim", hinter der sich gleichfalls Peter Scher verbirgt; vgl. SIMPLICISSIMUS ONLINE. URL: http://www.simplicissimus.info/index.php?id=5 (Zugriff: 10.10.2023).
[2] Vgl. etwa Hans Erich BLAICH, Ausgewählte Werke des „Simplicissimus"-Dichters Dr. Owlglass. Mit sämtlichen Briefen an Kurt Tucholsky. Mit einer Einleitung, Anmerkungen und einer Bibliographie hg. v. Volker Hoffmann, Kirchheim/Teck 1981; Hermann SINSHEIMER, Gesammelte Werke in drei Bänden. Hg. v. Deborah VIETOR-ENGLÄNDER, Berlin 2013–2020.
[3] Vgl. grundlegend Gertrud M. RÖSCH, Ludwig Thoma als Journalist. Ein Beitrag zur Publizistik des Kaiserreichs und der frühen Weimarer Republik, Frankfurt/M. 1989.

um den *Simplicissimus* fallen sogar äußerst widersprüchlich aus, zumindest was die heikle Phase des Ersten Weltkriegs und die Zeit danach bis zu Ludwig Thomas Tod im Jahr 1921 betrifft. Während Scher an einer Stelle etwa zu „Thomas Anhängern in der Redaktion des ‚Simplicissimus'" gerechnet wird,[4] wird er andernorts als dessen „liberaler Antipode" charakterisiert,[5] der gewissermaßen an Thomas Stelle getreten sei, nachdem spätestens 1917 die politisch-weltanschaulichen Spannungen innerhalb der Redaktion erkennbar zugenommen hatten. Dessen ungeachtet hatte Scher zeitlebens die große Bedeutung betont, die er Ludwig Thoma für die Entwicklung seiner eigenen literarisch-journalistischen Karriere beimaß – schließlich sei es Thoma gewesen, dem er seine Mitarbeit am *Simplicissimus* überhaupt zu verdanken hatte.[6] Der vorliegende Beitrag möchte die damit angedeutete Ambivalenz im Verhältnis der beiden Autoren näher in den Blick nehmen.

II.

Peter Scher wurde unter dem bürgerlichen Namen Fritz Hermann Schweynert am 30. September 1880 als Sohn eines Gendarmeriewachtmeisters in der preußischen Exklave Großkamsdorf im heutigen Thüringen geboren und wuchs in Erfurt auf. Am 23. September 1953 ist er in Wasserburg am Inn verstorben, wohin er sich gemeinsam mit seiner Frau Lene nach 1933 zurückgezogen hatte, um als freier Schriftsteller zu leben. Seine dazwischenliegenden Lebensetappen hat er in einer autobiographischen Notiz aus dem Jahr 1939 wie folgt zusammengefasst:

---

[4] Jochen MEYER, „Entlaufene Bürger". Kurt Tucholsky und die Seinen. Eine Ausstellung des Deutschen Literaturarchivs, Marbach/Neckar 1990, 146.
[5] SIMPLICISSIMUS ONLINE (wie Anm. 1).
[6] Vgl. Peter SCHER, Die heitere Seite, Leipzig 1939, 54.

„Da mein Vater frühzeitig starb, konnte ich mich [...] nicht auf dem vorgeschriebenen Wege bilden, sondern mußte mich bemühen, in den Pausen des Broterwerbs soviel Wissen zu erraffen wie mir immer möglich war. Ich war der Reihe nach Schreiber auf dem Landratsamt, Kaufmann, Bahnangestellter, Versicherungsbeamter, Schriftleiter. Es wurde mir nicht leicht gemacht, und manchmal kam ich mir fast wie der Mann vor, von dem Ludwig Thoma sagte: Er sank von Stufe zu Stufe und wurde schließlich Redakteur. Erst in Dresden, später in Berlin war ich das, was man damals ‚Theaterreferent' nannte. Aber als es mir zu dumm wurde, machte ich es wie Franz Moor: Ich floh in die Böhmischen Wälder [...]. Von hier aus arbeitete ich in der Hauptsache für die Münchner ‚Jugend'. Ich verfaßte auch mit dem aus Warnsdorf stammenden Schriftsteller Hermann Wagner ein Lustspiel, das später an den Münchener Kammerspielen uraufgeführt und bei der ersten Wiederholung ausgepfiffen wurde [...]. Aus den Böhmischen Wäldern floh ich dann wieder in die große Welt zurück – diesmal nach München. Durch Ludwig Thoma kam ich an den ‚Simplicissimus', an dem ich Jahre hindurch in gemeinsamer Arbeit mit diesem bedeutenden Schriftsteller und dem Dichter Dr. Owlglass tätig war. [...] Von München übersiedelte ich schließlich nach Wasserburg am Inn [...]."[7]

An dieser autobiographischen Notiz fällt weniger die wiederholte Bezugnahme auf Ludwig Thoma auf, die angesichts von dessen kanonischem Status in den 1930er Jahren nicht nur Schers eigener Profilierung nützlich sein konnte, sondern vor allem auch zum gegebenen Zeitpunkt bedenkenlos möglich war – was auf zahlreiche andere

---

[7] SCHER, Die heitere Seite, S. 54 f. – Das genannte Lustspiel trug den Titel *Der tote Bellmann* und kam erst im Mai 1919 auf die Bühne der Münchner Kammerspiele, wo es eine „bitterböse Enttäuschung" erlebte; die Autoren firmierten unter dem gemeinsamen Pseudonym „Qualle", vgl. Oskar GELLER, München, in: Der Merker (1919) 513–515, hier 514 f., dazu auch Peter SCHER, Seltsamer Theaterskandal, in: Bergische Wacht, Nr. 34 vom 10.2.1941.

Kontakte und Stationen seiner Autorenbiographie keineswegs zutraf, die es im Gegenteil unter der nationalsozialistischen Diktatur besser nicht (mehr) zu erwähnen galt. Tatsächlich hatte Scher seine ersten Schritte ins journalistische Feld nicht etwa als Theaterkritiker in Dresden und Berlin getan, sondern als Redakteur eines satirischen Winkelblättchens in Oldenburg, des *Residenz-Boten*, dessen Herausgeber Hans Biermann ab 1902 eine Glücksspiel-Affäre um den großherzoglichen Justizminister Franz Friedrich Ruhstrat aufdeckte und zu regierungskritischen Attacken nutzte.[8] Scher, der damals noch unter seinem Geburtsnamen Schweynert agierte, wurde als einer der Hauptbeteiligten an der Pressekampagne wegen Beleidigung des Ministers im Dezember 1904 zu einer zwölfmonatigen Haftstrafe verurteilt, die er im Zuchthaus Vechta verbüßte.[9] Der Prozess hatte seinen Namen erstmals auch reichsweit in die Schlagzeilen gebracht und nicht zuletzt deshalb für Aufsehen gesorgt, weil er neben einer Debatte über die Pressefreiheit und die offenkundige Befangenheit der Richter auch eine Diskussion über die unzumutbaren Haftbedingungen in oldenburgischen Gefängnissen ausgelöst hatte, die am Beispiel des ‚Falls Schweynert' zutage getreten waren. Während der Verhandlung hatte der Angeklagte erste Symptome einer schweren manisch-depressiven Erkrankung gezeigt, die ihn bei der weiteren Ausübung seiner literarisch-journalistischen Tätigkeit schwer belasten sollte und noch sein Ausscheiden aus der *Simplicissimus*-Redaktion 1929 ursächlich begründete.[10]

Nach seiner Entlassung aus Vechta war Scher – der während seiner Haft insbesondere aus politisch linksstehenden Kreisen Unterstützung

---

[8] Vgl. Werner JÜRGENS, Erinnerungen an einen norddeutschen Eulenspiegel. Am 8. Februar 1868 wurde Hans Biermann in Esens geboren, in: Ostfriesland-Magazin 36 (2020) 92–94.

[9] Vgl. Hugo FRIEDLÄNDER, Oldenburgische Spielerprozesse (Minister Ruhstrat), in: DERS., Interessante Kriminal-Prozesse von kulturhistorischer Bedeutung. Darstellung merkwürdiger Strafrechtsfälle aus Gegenwart und Jüngstvergangenheit, Bd. 5, Berlin 1912, 28–170, zum Prozess gegen „den verantwortlichen Redakteur des ‚Residenzboten', Hermann Fritz Schweynert" bes. 85–111.

[10] Vgl. Thomas RAFF (Hg.), „Du nimmst alles viel zu tragisch". Briefe von Th. Th. Heine an Alfred Kubin, München 2009, 44.

erfahren hatte[11] – in den Jahren 1906 und 1907 als Redaktionssekretär der sozialistisch-feministischen Zeitschrift *Die Gleichheit* beschäftigt gewesen, die von Clara Zetkin in Stuttgart herausgegeben wurde. Scher publizierte in diesem Blatt nicht nur eigene Gedichte, Aphorismen und Prosastücke unter seinem frühen Pseudonym „Leon Holly",[12] sondern verkehrte auch persönlich in Zetkins Landhaus in Degerloch, wo er während des siebten Internationalen Sozialistenkongresses, der im August 1907 in Stuttgart veranstaltet wurde, mit zahlreichen weiteren prominenten Exponentinnen und Exponenten der Bewegung in Kontakt kam. Dazu zählten u. a. Rosa Luxemburg, Angelica Balabanowa oder Ramsay MacDonald, denen er späterhin eine Reihe von anekdotischen Feuilletons widmete.[13]

Von weit größerer Bedeutung für seinen Lebensweg als das Stuttgarter Intermezzo[14] war indes der Wechsel nach Berlin, wo er ab 1908 für die anarchistische Boulevardzeitung *Zeit am Montag* – laut Schers eigener Aussage „ein erheblich umstürzlerisches Blatt"[15] – als Feuilletonredakteur und Reporter tätig war, der neben Theaterkritiken auch politische Kommentare und soziale Aufdecker-Berichte aus dem großstädtischen Subproletariat lieferte.[16] Parallel dazu verfasste er für das

---

[11] Vgl. Peter SCHER, Gefängniserinnerungen, in: Frankfurter Zeitung, Nr. 312 vom 27.4.1919.
[12] Der erste dieser Beiträge lässt sich im August 1906 nachweisen, vgl. Leon HOLLY, Sprüche, in: Die Gleichheit, Nr. 17 vom 22.8.1906; weitere Gedichte und Prosatexte wurden im Folgejahr abgedruckt.
[13] Vgl. z. B. Peter SCHER, Das Mütterchen der Revolution, in: Berliner Tageblatt, Nr. 83 vom 18.2.1927; Peter SCHER, Begegnung mit MacDonald, in: Badische Presse, Nr. 270 vom 14.6.1929; Peter SCHER, MacDonald in Degerloch, in: Die Weltbühne, Nr. 31 vom 4.8.1931.
[14] Scher gab später an, „kein guter Sekretär" bei Zetkin gewesen zu sein, „denn die Mädchen von Degerloch und die Weine des nahen Neckartals interessierten mich mehr als die strengen Doktrinen meiner Brotgeberin" (SCHER, Begegnung mit MacDonald).
[15] Peter SCHER, Erinnerung an einen Ministerpräsidenten, in: Frankfurter Zeitung, Nr. 135 vom 19.2.1922.
[16] Einiges Aufsehen erregte etwa eine Reportage in der *Zeit am Montag* vom 7.2.1910 über die Zustände im Berliner Obdachlosen-Asyl „Palme", in der „Fritz Schweynert seine allerpersönlichsten Erlebnisse mitteilt, die er bei seinem nächt-

Schwesterblatt der *Zeit am Montag*, die libertär-sozialistische Wochenschrift *Tribüne*, unter dem Pseudonym „Emanuel" regelmäßig satirische Zeitglossen in Versform, die 1910 als gesammelte *Unkenrufe aus dem Tümpel der Kultur* im Buchverlag der *Tribüne* erschienen.[17] Bereits zwei Jahre zuvor war im selben Verlag der Band *Kettenklirren* mit Leon Hollys „Gedichten und Erzählungen aus dem Gefängnis" herausgekommen, der mehrere Neuauflagen erlebte.[18] Verleger beider Bücher war der anarchistische Publizist Karl Schneidt, der als Gründer und Herausgeber der *Zeit am Montag* wie der *Tribüne* nicht nur Schers journalistischer Brotgeber, sondern auch sein Schwiegervater geworden war: 1908 hatte Scher Schneidts Tochter Helene geheiratet.[19]

In den Jahren nach seiner Eheschließung konnte Scher seinen journalistischen Wirkungskreis sukzessive ausbauen. 1910 begann einerseits die erwähnte Mitarbeit bei der Münchner *Jugend*, für die er von Berlin aus unter der Marke „Eff Ess" bis Mai 1914 regelmäßig kalauernde Spottverse und satirische Glossen auf das aktuelle Zeitgeschehen beisteuerte; andererseits gelang es ihm im selben Jahr, erste Beiträge im *Simplicissimus* zu platzieren.[20] Wenig später schaffte er den Sprung unter den sprichwörtlichen Strich des renommierten *Berliner Tageblatts*, der seinerzeit bedeutendsten, auch international verbreiteten Tageszeitung der Reichshauptstadt. Als Verfasser satirischer, oft ins Groteske wechselnder Feuilletons konnte er hier wie dort sein Alter Ego Peter Scher kultivieren, dessen Name schließlich auch in seiner bürgerlichen Existenz vollständig an die Stelle von Fritz Hermann Schweynert trat. Literarisch ambitioniert, suchte und fand Scher um dieselbe Zeit aber auch Anschluss an die frühexpressionistischen Zirkel im Berliner Café

---

 lichen Aufenthalt als verkleideter Heimat- und Obdachloser im Asyl gemacht hat." Zit. nach einem Literaturbericht in: Jahrbuch für sexuelle Zwischenstufen unter besonderer Berücksichtigung der Homosexualität 10 (1909/10) 305.
[17] Vgl. EMANUEL, Unkenrufe aus dem Tümpel der Kultur, Berlin 1910.
[18] Vgl. Leon HOLLY, Kettenklirren, Berlin 1908.
[19] Vgl. DEGENERS Wer ist's? Berlin ⁴1909, 1300 f.
[20] Vgl. Peter SCHER, Der Dichter, in: Simplicissimus 15 (1910) 355 und Peter SCHER, Das Vermächtnis des Lyrikers, in: Simplicissimus 15 (1910) 504.

des Westens und lieferte sowohl für Herwarth Waldens avantgardistische Kunst- und Literaturzeitschrift *Der Sturm*, als auch für die konkurrierende *Aktion* Franz Pfemferts sporadische Beiträge, bei denen es sich zum überwiegenden Teil um Satiren auf den etablierten Literaturbetrieb im Kaiserreich handelte. Seine nächste Gedichtsammlung *Holzbock im Sommer und andere aktuelle Lyrik*, die vor allem Nachdrucke aus dem *Simplicissimus* enthält,[21] kam 1913 in der Reihe der *Lyrischen Flugblätter* des expressionistischen Verlegers Alfred Richard Meyer heraus, in der auch die Gedichte Gottfried Benns, Else Lasker-Schülers oder Alfred Lichtensteins erschienen.[22] Während expressionistische Autoren wie René Schickele, Max Herrmann-Neiße oder Hans Leybold ausgesprochen positiv auf Schers Arbeiten reagierten und in ihm einen Parteigänger der eigenen Sache zu erkennen glaubten,[23] wuchs bei Scher mit steigendem Erfolg in der bürgerlichen Presse zugleich die Distanz zur Berliner Avantgardeszene und zum großstädtischen Literaturbetrieb in toto: Bereits im Sommer 1912 war er aus dem Berliner Villenvorort Karlshorst – wo er kurz zuvor noch Besuch von Oskar Kokoschka erhalten hatte, der ihn porträtierte[24] – nach Daubitz (Doubice) bei Schönlinde (Krásná Lipa) in die böhmische Provinz übersiedelt. Diese buchstäbliche „Flucht aus Berlin" lieferte ihm nicht nur den programmatischen Titel für seinen ersten, noch vor Kriegsausbruch 1914 bei Albert Langen in München erschienenen Prosaband;[25]

---

[21] Vgl. Peter SCHER, Holzbock im Sommer und andere aktuelle Lyrik, Berlin 1913; der Titel spielt auf den damals bekannten Berliner Reporter und Theaterkritiker Alfred Holzbock an, der v. a. für den *Berliner Lokalanzeiger* schrieb.

[22] Vgl. Josef SMOLEN, Die Lyrischen Flugblätter des Alfred Richard Meyer, Wien 2021.

[23] Vgl. René SCHICKELE, Freischärler, in: Die Bücherei Maiandros 4/5 (1913), Beiblatt vom 1.5.1913, 4–6; Max HERRMANN-NEISSE, [Rezension zu] Lyrische Flugblätter, in: Breslauer Zeitung, Morgen-Ausgabe vom 20.7.1913; Hans LEYBOLD, [Rezension zu] Peter Scher. Die Flucht aus Berlin, in: Die Aktion, 4 (1914) 645 f.

[24] Vgl. Anton UNTERKIRCHER, Zwischen „Sturm" und „Brenner". Peter Scher und sein wiederaufgefundenes Porträt von Oskar Kokoschka, in: Mitteilungen aus dem Brenner-Archiv 6 (1987) 11–21.

[25] Vgl. Peter SCHER, Die Flucht aus Berlin. Skizzen. (Langens Markbücher 6), München 1914.

sie fand mit seinem Umzug an die Isar im selben Jahr und dem Eintritt in die Redaktion des *Simplicissimus* auch einen folgerichtigen Abschluss, den der Lyriker Alfred Lichtenstein treffsicher registrierte, wenn er den befreundeten Scher in einer Groteske über die literarischen Flügelkämpfe unter den Berliner Expressionisten als einen „Witzblattredakteur, der eigentlich nicht hierher gehörte", im „Café Klößchen" (einer Parodie auf das Café des Westens) auftreten lässt.[26] Lichtensteins Charakterisierung korrespondiert durchaus mit der Selbsteinschätzung Schers, der seine lebensweltlich wie publizistisch vollzogene Distanzierung von der Berliner Moderne in der Prosasatire *Das tödliche Gelächter* demonstrativ ausstellt, indem er die symbolischen Praktiken und Mechanismen des modernen Literaturbetriebs nicht nur dem titelgebenden Lachanfall einer „jungen Dame [...] aus der Provinz" überantwortet, sondern auch die programmatische Marktverweigerung der Avantgarden mit den eigenen Erfolgen im publizistischen Feld kontrastiert. Mit Blick auf das Berliner „Obergenie" – hinter dem Herwarth Walden erkennbar ist – schließt Schers Text ebenso ironisch wie selbstbewusst: „Ich wußte ja, daß ich erledigt bin. Denn ich werde gedruckt."[27]

Endgültig „erledigt" war Scher aus Sicht vieler seiner bisherigen Kolleginnen und Kollegen aus dem engeren und weiteren Umfeld der expressionistischen Bewegung wie des linken politischen Lagers allerdings erst, als er wenig später bei Ausbruch des Ersten Weltkriegs in seiner neuen Position als „Witzblattredakteur" beim *Simplicissimus* den heftig umstrittenen Kurswechsel der Zeitschrift vom intellektuellen Oppositionsblatt zu einem nationalpatriotischen Sprachrohr der deutschen Kriegspolitik nicht nur widerspruchslos mittrug, sondern auch

---

[26] Alfred LICHTENSTEIN, Café Klößchen, in: DERS., Dichtungen. Hg. v. Klaus KANZOG und Hartmut VOLLMER. Zürich 1989, 181–193; zur Freundschaft zwischen Lichtenstein und Scher vgl. auch Michael PILZ, „Sässe ich in München statt im Artilleriefeuer, ich schriebe eher so wie Ihr …". Ein Brief Peter Schers an Franz Pfemfert über den Dichter Alfred Lichtenstein, in: Heimat am Inn 28/29 (2008/09) 143–186.

[27] SCHER, Die Flucht aus Berlin, 39–43.

durch seine eigene literarische Produktion mit einschlägiger Propagandalyrik und anderen kriegsverherrlichenden Texten lautstark in Szene setzte.[28] Schers ehemaliger Freund und Ko-Autor Hermann Wagner beklagte sich etwa im Kreis um die Innsbrucker Literaturzeitschrift *Der Brenner* mit derben Worten über die „Scheiß-Gedichteln" des nun „auch noch pathetisch, national etc. etc." gewordenen *Simplicissimus*-Poeten,[29] und der Kommentator eines sozialdemokratischen Blattes in der neutralen Schweiz reimte in einer Glosse auf die an allen Fronten tätigen *Kriegsdichter*:

> „Mit Wolfgang Goethe und mit Shakespeare ließ
> Sich solch ein Krieg nicht ohne Reibung führen;
> Selbst bei Virgil, der gern die Flöte blies,
> Ist von gesundem Haß nicht viel zu spüren.
> Gottlob, daß uns ein Peter Scher noch bleibt
> Und Maurice Barrès und die vielen, vielen,
> Die zornig fuchteln mit den Federkielen."[30]

Auch Franz Pfemfert zerschnitt nun öffentlich das Tischtuch zwischen sich und seinem vormaligen Mitarbeiter, indem er „den früheren Peter Scher aus der *Aktion*" mit dem „tüchtig gewordenen Scher" aus den Kriegsnummern des *Simplicissimus* kontrastierte und dessen radikalen Positionswechsel durch eindrückliche Zitate belegte. Mit Blick auf den federführenden Einfluss, der Ludwig Thoma bei der patriotischen Umorientierung des *Simplicissimus* ab August 1914 zuzusprechen war, konnte dabei aus Pfemferts Sicht das Attribut des „intellektuellen Kriegsbarden" für Peter Scher mit demjenigen des „Ludwig-Thoma-Kollegen" kurzerhand synonym gesetzt werden.[31]

---

[28] Vgl. Pilz, „Sässe ich in München statt im Artilleriefeuer", 174 f.
[29] Zit. nach Unterkircher, Zwischen „Sturm" und „Brenner", 15.
[30] H. Thurow, Kriegsdichter, in: Der Grütlianer. Sozialdemokratisches Tagblatt. Zürich, Nr. 168 vom 23.7.1915.
[31] [Franz Pfemfert], Kleiner Briefkasten, in: Die Aktion, 19.8.1916, Sp. 476; [Franz Pfemfert], Kleiner Briefkasten, in: Die Aktion, 25.11.1916, Sp. 658 sowie Franz Pfemfert: Kleiner Briefkasten, in: Die Aktion, 13.12.1919, Sp. 802.

III.

Die genaue Rolle, die Ludwig Thoma bei der Vermittlung des Redakteurspostens am *Simplicissimus* für Scher gespielt hatte, lässt sich anhand des nur spärlich überlieferten Briefwechsels zwischen den beiden Autoren heute nicht mehr im Detail rekonstruieren. Der dokumentierte briefliche Austausch setzt am 2. März 1914, unmittelbar vor Schers endgültiger Übersiedlung nach München, mit einem ausführlichen Schreiben Thomas aus Rottach ein, in dem er dem jüngeren Kollegen aus der Position des erfahrenen Theaterpraktikers heraus wohlwollend-kritische Hinweise gibt, um einen seiner dramatischen Versuche bühnenwirksamer zu gestalten.[32] Statt einer direkten Antwort darauf ist aus dieser Zeit nur ein Brief Schers an Thoma vom 25. März 1914 erhalten geblieben, in dem der noch mit Fritz Schweynert unterzeichnende (und von Thoma entsprechend adressierte) Verfasser für mehrere persönliche Treffen und die gemeinsam verbrachte Zeit dankt. Da das Schreiben auf dem Briefpapier des Münchner Hotels de l'Europe abgefasst ist und Scher darin zugleich ankündigt, noch einmal nach Böhmen zurückzukehren, um einen „letzten Sommer als Trapper in den Wäldern zuzubringen",[33] ist davon auszugehen, dass er im März 1914 nach München gekommen war, um seinen Umzug zu organisieren und womöglich letzte geschäftliche Details mit der *Simplicissimus*-Redaktion zu klären. Ein mit „Anfang März 1914" datiertes Porträtfoto aus Schers Nachlass, das ihn im Englischen Garten in München zeigt,[34] ist offensichtlich während dieses Aufenthalts entstanden. Spätestens ab

---

[32] Vgl. Ludwig Thoma an Fritz Schweynert. Rottach, 2.3.1914 (Monacensia, Thoma Ludwig A III/3). Möglicherweise handelt es sich bei dem Stück, das Thoma unter dem Titel „Das Testament" nennt, um eine frühe Fassung oder eine Vorstufe zum Schwank *Der tote Bellmann*, vgl. Anm. 7.

[33] Fritz Schweynert an Ludwig Thoma. München, 25.3.1914 (Monacensia, Nachlass Ludwig Thoma, LT B 162).

[34] Vgl. die Abbildung bei Pilz, „Sässe ich in München statt im Artilleriefeuer", 148.

Oktober desselben Jahres wohnte „Schweynert Fritz, Schriftsteller" dann in der Münchner Nibelungenstraße 76/3.[35]

Schers Brief belegt zudem, dass er Thoma im ersten Quartal 1914 nicht nur in München getroffen, sondern auch am Tegernsee besucht hatte und möglicherweise sogar für einige Tage auf der Tuften zu Gast gewesen war. Jedenfalls dankt er Thoma ausdrücklich für eine „herrliche Fahrt nach Kreuth zu den Jägern", die er „nie vergessen werde".[36] In Schers *Erinnerungen an Ludwig Thoma*, die er sieben Jahre später aus Anlass von dessen Tod publizierte, findet sich die dazu passende, allerdings in der (insgesamt ungenauen) Datierung abweichende Schilderung einer gemeinsamen Schlittenfahrt zu Thomas „größte[m] Jahresfest", dem „Jägerabend' in Kreuth. Das war der Abend, an dem, einmal im Jahr, alle Jäger der Gegend zusammenkamen, um unter Thomas Vorsitz jägerisch vergnügt zu sein."[37] Laut Schers Rückblick soll dieser Besuch „im Winter desselben Jahres" stattgefunden haben, in dem er Thoma einige Monate zuvor – offenbar im Auftrag des *Berliner Tageblatts* – erstmals persönlich begegnet war: „Vor etwa zehn Jahren besuchte ich ihn zum ersten Mal in Rottach am Tegernsee. Eine große Berliner Zeitung hatte von mir verlangt, ich solle den berühmten Schriftsteller interviewen", was jedoch gründlich misslungen sei, da dieser kurzerhand den Spieß umgedreht habe:

„Thoma fragte *mich* aus, […] und ich erstattete ihm mit einer für einen Berliner ungewohnten Biederkeit treuherzigen Bericht. So kam es, daß ich, als ich von ihm schied, zwar den Eindruck eines ungewöhnlich starken und gütigen Menschen und überdies das Geschenk einer bayerischen Bauernpfeife, nicht aber jenes berühmte Interview mit nach Berlin brachte. Ich glaube, er hat

---

[35] Vgl. ADRESSBUCH FÜR MÜNCHEN 1915. Hergestellt nach dem Stande vom 31. Oktober 1914. München [1914], 658.
[36] Fritz Schweynert an Ludwig Thoma, wie Anm. 33.
[37] Peter SCHER, Erinnerungen an Ludwig Thoma, in: Frankfurter Zeitung, Nr. 648 vom 1.9.1921.

hinterher gelacht, daß der ganze Wallberg dröhnte; ich aber danke es ihm heute noch, daß er *sein* Interview mit *mir* niemals der Öffentlichkeit anvertraut hat."[38]

Einerseits führt sich Scher mit dieser Anekdote klar als die journalistische Nachwuchskraft ein, der gegenüber Thoma als das überlegene, mit allen Wassern des Betriebs gewaschene Vorbild erscheint. Andererseits verschweigt der Autor dabei die Tatsache, dass sein Name zu Beginn der 1910er Jahre durchaus kein unbekannter mehr für Ludwig Thoma gewesen war. Tatsächlich war Thoma auf Fritz Hermann Schweynert bereits ein rundes Jahrzehnt vor dessen Eintritt in die *Simplicissimus*-Redaktion aufmerksam geworden und hatte ihn zum impliziten Gegenstand eines seiner eigenen Texte gemacht: Die Weihnachts-Sondernummer des *Simplicissimus* vom 20. Dezember 1904 war von einer halbseitigen satirischen Szene mit dem Titel *Minister Ruhstrat oder Ein Oldenburger Preßprozeß* eröffnet worden, in der Thoma als Peter Schlemihl den Justizskandal verarbeitete, durch den der Journalist Schweynert erstmals ins Rampenlicht einer breiteren Öffentlichkeit geraten war.[39] Auch wenn es Thomas Satire in erster Linie um die zweifelhafte Figur des oldenburgischen Justizministers und seine Einflussnahme auf die ihm unterstellten Richter geht, die mit ihrem Urteil die Pressefreiheit beschneiden und eine offensichtliche Rechtsbeugung im Sinne der wilhelminischen Klassenjustiz begehen, hat darin auch der betroffene Journalist einen kurzen, allerdings stummen Auftritt. Ohne den Namen Schweynert zu erwähnen, rückt ihn Thoma als anonymen Angeklagten ins Bild, der als Folge seiner drakonischen Behandlung in der Untersuchungshaft weder in der Lage ist, zu sprechen noch sich auf die richterliche Aufforderung hin zu erheben. Die Figur des Verteidigers merkt dazu erläuternd an:

---

[38] Ebd.
[39] Vgl. Peter SCHLEMIHL, Minister Ruhstrat oder Ein Oldenburger Preßprozeß, in: Simplicissimus 9 (1904) 382. Der Prozess war am 1.12.1904 eröffnet worden; Thomas Text stellt also eine unmittelbare Reaktion auf dessen Verlauf dar.

„Ich konstatiere, daß mein Mandant nicht stehen kann. Die dem Minister Ruhstrat unterstellte Gefängnisverwaltung hat dafür gesorgt, daß schon die Untersuchungshaft eine Revanche für den Minister bedeute. Der Angeklagte ist infolge der Zwangsarbeiten gelähmt."[40]

Folgt man den zeitgenössischen Prozessberichten, stellt diese Figurenrede nur eine relativ geringe Überzeichnung der tatsächlichen Verhältnisse dar, da Scher während seiner Verhandlung stellenweise kaum mehr in der Lage gewesen sein soll, dem Prozessverlauf zu folgen. Laut zeitgenössischen Beobachtern sei er sowohl „körperlich schwächlich" erschienen als auch „geistig [...] deprimiert" gewesen und habe als Folge der Haftbedingungen einen extrem „niedergeschlagenen Eindruck" gemacht. Er selbst hatte damals zu Protokoll gegeben, „in einem Seelenzustande zu sein", der ihn daran hindern würde, „klare Antwort zu geben".[41]

So traumatisch die Erlebnisse von Strafverfolgung, Verurteilung und Gefängnishaft für den psychisch instabilen Scher auch gewesen sein mochten, hatte der „Oldenburger Pressprozess" doch eine nicht zu unterschätzende Wirkung in der Aufmerksamkeitsökonomie des journalistischen Feldes erzielt, von der er für seine weitere Karriere als Autor und Publizist nur profitieren konnte. Dass er sich dessen durchaus bewusst war, zeigen bereits Titelwahl und Umschlaggestaltung seines Buches *Kettenklirren* von 1908, die auch in illustrierten Werbeanzeigen Verwendung gefunden haben.[42] Marketingstrategisch effektvoll inszenieren sie den Autor in der Pose des gefangenen Dichters, der für seine Freiheitsideale im Gefängnis einzustehen bereit ist, ohne sich von der literarisch herausgeforderten Obrigkeit mundtot machen zu lassen. Zumal Ludwig Thoma noch vor Veröffentlichung des Bandes auf

---

[40] Schlemihl, Minister Ruhstrat.
[41] Zit. nach Friedländer, Oldenburgische Spielerprozesse, 92 ff.
[42] Vgl. Holly, Kettenklirren, sowie die Anzeige dazu in: Vorwärts. Zentralorgan der sozialdemokratischen Partei Deutschlands, Berlin, Nr. 233 vom 4.10.1908.

dessen Verfasser in der Rolle des Justizopfers aufmerksam geworden war und ihm – wenn auch nur mittelbar als Nebenfigur einer Satire – zu einem ersten Auftritt im *Simplicissimus* verholfen hatte, war damit eine wahrnehmungspolitische Basis gelegt worden, die die Aufnahme von Schers Gedichten und Prosastücken in das Blatt ab 1910 sowie seinen späteren Eintritt in den Redaktionsverband mit einiger Sicherheit begünstigt haben dürfte.

IV.

Innerhalb der *Simplicissimus*-Redaktion war Scher nie unumstritten, obwohl oder gerade weil er während des Ersten Weltkriegs zeitweise die alleinige Verantwortung für das redaktionelle Alltagsgeschäft zu tragen hatte, nachdem er „infolge Lungen- und Nervenerkrankung" vom Militärdienst beim Landsturm befreit und zugleich als „arbeitsverwendungsfähig (Beruf)" eingestuft worden war.[43] So heißt es in einem Ansuchen der *Simplicissimus*-GmbH vom 19. April 1917 an das Kgl. Bezirkskommando II in München, die weitere Zurückstellung des Landsturmmannes Schweynert betreffend,

> „dass der erwähnte Redakteur nach Einberufung der anderen Herren als einziger Redakteur des Simplicissimus zurückgeblieben ist, dem die gesamte künstlerische, literarische und technische Leitung obliegt […]. Darüber, ob und inwiefern die Arbeit des Herrn Schweynert als eine für das ungehinderte Bestehen des Simplicissimus dringlich notwendige und auch im allgemeinen Interesse liegende bezeichnet werden kann, bitten wir ergebenst, das sachliche Urteil der Presseabteilung des kgl. Kriegsministerium hören zu wollen."[44]

---

[43] Zit. nach Pilz, „Sässe ich in München statt im Artilleriefeuer", 184.
[44] Ebd., 184 f.

Schers Redaktionskollege Hans Erich Blaich, der zeitweilig als Landsturmarzt zum Lazarettdienst eingezogen worden war, polemisierte vor diesem Hintergrund in seinem Briefwechsel mit Kurt Tucholsky wiederholt gegen „das fixe Scherchen", das im *Simplicissimus* „seinem Diabetes satirico-patrioticus ungehemmten Lauf lassen" würde[45] und mitunter „gar zu viel Heimkämpfermarmelade einkocht".[46] Die letztere Bemerkung lässt sich konkret auf die von Scher eingeführte Figur des „Heimkämpfers" beziehen, den er ab November 1916 ein satirisches Tagebuch über kritikwürdige Zustände an der ‚Heimatfront' führen ließ, um einer Gesellschaft aus Maulhelden, Stammtischpolitikern, Schiebern und Kriegsgewinnlern den Spiegel vorzuhalten.[47] Waren diese Beiträge einerseits als integraler Bestandteil der Durchhaltepropaganda zu interpretieren, die der *Simplicissimus* mit fortschreitender Kriegsdauer leisten zu müssen glaubte, waren mit ihnen andererseits auch Elemente einer nach innen gerichteten Sozialkritik in das Blatt zurückgekehrt, die die grelle Hau-Drauf-Rhetorik des ‚Augusterlebnisses' von 1914 graduell abtönten und im engen Rahmen der selbstauferlegten patriotischen Sprachregelungen ausdifferenzierten. Schon im August 1916 etwa hatte Scher in seinem Rollen-Gedicht *Der Frontsoldat an den Daheim-Eroberer* der Figur des ersteren die folgenden Worte in den Mund gelegt:

> „Man glaubt es dir ja gern: du bist
> Idealist;
> wie käme sonst so wilder Ton
> aus deiner Redaktion?!
> Wir, die wir hier im Hagel stehn,

---

[45] Hans Erich Blaich an Kurt Tucholsky. Fürstenfeldbruck, 29.10.1916, zit. nach BLAICH, Ausgewählte Werke, 307.
[46] Hans Erich Blaich an Kurt Tucholsky. Bruck, Dreikönig 1917, zit. nach BLAICH, Ausgewählte Werke, 310.
[47] Vgl. EMANUEL, Heimkämpfers Tagebuch, in: Simplicissimus, 21 (1916) 406; 423; 434; 450; 466; 503 sowie 21 (1917) 531; 583 und 599; der erste dieser Beiträge war am 7.11.1916, der letzte am 13.2.1917 erschienen.

> drei gegen zehn,
> wir an der Front, von Glut umhüllt,
> wir lächeln: Gut gebrüllt!
> Wir fühlen: Mann, dein Mut, dein Kampf
> ist Krampf!
> So wahr du gut geborgen bist:
> *hier* wärst du – Realist!
> Glaubst du uns nicht? So rühr' dich, komm
> ein Stündchen an die Somme!
> Steig du aus deinem Feder-Bett –
> nimm's Bajonett!
> Sei einmal aller Phrasen bloß,
> im Sturm geh' los!
> Ahnst du, was Trommelfeuer ist,
> Idealist!?
> Nur einen Tag bewähr' dich *hier* –
> so folg ich dir!"[48]

So wenig diese Kritik an der nationalistischen Phrasendrescherei der Heimat-Presse durch die Kontrastierung mit den (notabene weiterhin als Heldentum markierten) Trommelfeuer-Erfahrungen deutscher Soldaten aus der Feder eines Autors überzeugen kann, auf den die kritisierte Haltung selbst vollumfänglich zutrifft, so abwegig scheint zugleich die Vorstellung zu sein, Scher sei sich des Dilemmas seiner eigenen Position bei der Niederschrift des Textes nicht bewusst gewesen, zumal er seinen literarisch-journalistischen Kriegseinsatz für den *Simplicissimus* von Anfang an als eine – auch seinem Vorbild Thoma auf ähnliche Weise zu unterstellende – Kompensationsleistung für die mangelnde militärische Frontdiensttauglichkeit begriffen hatte: „[…] da ich schon einmal nicht ins Feld kann, so glaube ich, daß ich

---

[48] Peter SCHER, Der Frontsoldat an den Daheim-Eroberer, in: Simplicissimus, 21 (1916) 241.

verpflichtet bin, wenigstens ein paar kräftige Gedichte zu machen", hatte Scher am 19. Oktober 1914 in einem Brief an Maximilian Harden geschrieben[49] und damit punktgenau jene Haltung benannt, auf die sich so mancher „wilde Ton" gerade auch aus der Redaktion des *Simplicissimus* zurückführen ließ.

In Kenntnis der überlieferten Quellenlage lässt sich Schers Gedicht aber auch als ein später Reflex auf einen Brief seines Berliner Freundes Alfred Lichtenstein lesen, mit dem er auch nach der Übersiedlung nach München weiterhin in engem Kontakt gestanden hatte. Lichtenstein, der seinerseits die Reichshauptstadt verlassen hatte, um in Erlangen zu promovieren, war 1914 als Einjährig-Freiwilliger des 2. Bayerischen Infanterie-Regiments Kronprinz von München aus ins Feld gegangen und hatte Scher noch am Vorabend des Ausmarsches sein Gedicht *Abschied* gewidmet, das mit der Verszeile schließt: „Vielleicht bin ich in dreizehn Tagen tot."[50] Am 1. September 1914, wenige Wochen, bevor er tatsächlich an der Westfront fallen sollte, hatte Lichtenstein nach Lektüre einer aktuellen *Simplicissimus*-Nummer dann aus Frankreich an Scher geschrieben:

> „Den ‚Simplicissimus' habe ich natürlich verschlungen. Jetzt kommt er in die Kompagnie. Komisch, und doch so erklärlich: wer dabei ist, sieht die Schattenseiten (fühlt sie am eigenen Leibe) und alles Einzelne. Wer, wie Ihr, ferner ist, erfährt im Innersten das Grossartige und Herrliche solcher Zeiten; ich bin überzeugt: säße ich in München statt im Artilleriefeuer, ich schriebe eher so wie Ihr als dass ich Gedichte machte, von denen ich Dir heute wieder drei zum Lesen und Aufheben übersende."[51]

---

[49] Peter Scher an Maximilian Harden. München, 19.10.1914 (Privatbesitz).
[50] Alfred LICHTENSTEIN, Abschied, in: Alfred Richard MEYER, Der Krieg. Ein Flugblatt, Berlin 1914, 12; vgl. dazu auch Peter SCHER, Von jungen und jüngsten Münchner Künstlern, in: Frankfurter Zeitung, Nr. 331 vom 29.11.1916.
[51] Zit. nach PILZ, „Sässe ich in München statt im Artilleriefeuer", 163 f.

Man muss Scher zugutehalten, dass er Lichtensteins avantgardistische Kriegsgedichte, die der eigenen Produktion diametral entgegenstanden, nicht nur gelesen und aufbewahrt hat, sondern sich auch um ihren Abdruck im *Simplicissimus* bemühte. Immerhin eines davon, das lakonisch-melancholische *Nach dem Gefecht*, ist dort am 8. September 1914 mit dem Zusatz „Von unserm Mitarbeiter am 22. August aus dem Felde geschickt" tatsächlich erschienen.[52] Im Februar 1915 nahm Scher sogar noch einmal mit Franz Pfemfert Kontakt auf, um den „Wunsch Alfred Lichtensteins, seinen literarischen Nachlass gemeinsam mit Ihnen herauszugeben", Genüge zu tun.[53] Dass der Bruch mit den Berliner Expressionisten-Zirkeln weit weniger radikal und konsequent war, als es einzelne öffentliche Verlautbarungen von beiden Seiten nahelegen,[54] und Scher über das Jahr 1914 hinaus zumindest einzelne freundschaftliche Verbindungslinien dorthin nicht vollständig abreißen ließ, geht auch aus den Briefen Else Lasker-Schülers hervor, die sich noch Ende August 1915 bei Reinhold Geheeb erkundigte: „Der liebe Peter Scher war so gut zu uns in München. Er ist doch nicht im Krieg?"[55]

---

52 Vgl. Alfred LICHTENSTEIN, Nach dem Gefecht, in: Simplicissimus, 19 (1914) 350. – Lichtenstein war bereits seit 1911 mit mehreren seiner Gedichte im *Simplicissimus* vertreten gewesen; da ihr Abdruck ein Jahr nach Schers eigenen ersten *Simplicissimus*-Beiträgen einsetzt, steht zu vermuten, dass sie bereits damals auf seine Vermittlung hin aufgenommen worden waren; vgl. PILZ, „Sässe ich in München statt im Artilleriefeuer", 179.
53 Peter Scher an Franz Pfemfert. München, 21.2.1915, zit. nach Pilz, „Sässe ich in München statt im Artilleriefeuer", 160–164, hier 160. Die Ausgabe wurde dann allerdings von Kurt Lubasch im Georg Müller-Verlag ediert, Scher blieb außen vor; vgl. Alfred LICHTENSTEIN, Gedichte und Geschichten. Hg. v. Kurt Lubasch, München 1919.
54 So hatte sich Scher etwa im November 1916 in einer Zuschrift an die *Deutsche Tageszeitung* explizit von den politischen Positionen der Zeitschrift *Die Aktion* und Franz Pfemfert distanziert, vgl. [Franz Pfemfert], Kleiner Briefkasten, in: Die Aktion, 25.11.1916.
55 Else LASKER-SCHÜLER, Briefe 1914–1924. Bearb. von Karl Jürgen Skrodzki, Berlin 2004, 97.
56 Ludwig Thoma an die Redaktion des Simplicissimus. Rottach, 3.5.1917, in: Ludwig THOMA, Ein Leben in Briefen, München 1963, 312.

V.

Die Aufrechterhaltung solcher „Berliner Erinnerungen und Beziehungen"[56] machten Scher für Ludwig Thoma während des Krieges augenscheinlich verdächtig. Was vor 1914 noch als Qualitätsausweis einer oppositionellen Haltung zum Wilhelminismus hatte gelten können und seiner Rekrutierung für den *Simplicissimus* möglicherweise sogar förderlich gewesen war, brachte ihm nun von Thomas Seite den offen geäußerten Vorwurf ein, ein unsicherer Kantonist zu sein, der die konsequente nationalpatriotische Linie des Blattes durch unterstellte Rücksichtnahmen auf frühere Kontakte ins linke Lager – Thoma spricht explizit von Schers „alten Verbindungen zu den Berliner Sozis"[57] – erheblich belasten, wenn nicht sogar gezielt unterminieren würde. Dabei beargwöhnte Thoma nicht nur die politische Haltung Schers, von der er sich durch seine eigene Radikalisierung in den alldeutsch-völkischen Kreisen um die 1917 gegründete Deutsche Vaterlandspartei zunehmend entfernte, sondern auch Schers wachsenden Einfluss auf die Redaktionsarbeit des *Simplicissimus*. Allein auf praktischer Ebene musste Thoma daraus eine Schwächung der eigenen Positionen ableiten, obschon er sich selbst und aus freien Stücken immer mehr aus dem redaktionellen Alltagsgeschäft zurückgezogen hatte. Anfang Mai 1917 eskalierte die Situation, als sich Thoma während der kriegsbedingten Abwesenheit des langjährigen Chefredakteurs Reinhold Geheeb von dessen Ersatzmann Scher und Hans Erich Blaich – der in diesem Fall mit seinem internen Konkurrenten gegen Thoma koalierte – wegen eines polemischen Gedichts auf die bevorstehende Stockholmer Friedenskonferenz zensiert sah und sich „politische Lektionen" vonseiten Schers ausdrücklich verbat.[58] In drastischen Worten beklagte er sich gegenüber seinem Intimus Geheeb über die „traurigen Hosenscheißer" Blaich und Scher:

---

[57] Ludwig Thoma an Reinhold Geheeb. Rottach, 2.5.1917, in: THOMA, Ein Leben in Briefen, 310.
[58] Ebd.

„Da hocken sich diese Dreckhunde in der Redaktion zusammen und beschließen, mich zu refusieren. In 20 Jahren ist mir das nicht passiert. / Aber ich merke schon lange, daß Herr Sch[er]. den Blaustift gegen mich anwendet. / Insofern ist mir's ganz recht, daß es zu dem Krach kam. Ich verlange, daß das Gedicht in den Simpl. kommt. Und will Herr Sch. aufmucken, dann übersiedle ich einmal etliche Monate nach München und redigiere, bis wir einen tüchtigen Kerl kriegen."[59]

An die Adresse der *Simplicissimus*-Redaktion gerichtet, drohte Thoma am Folgetag den beiden Schriftleitern direkt:

„Wie Ihr beide Euch erlauben könnt, mich unter Eure Zensur zu stellen oder stellen zu wollen, [...] das ist mir [...] nicht so unverständlich. / Es ist die Folge der Abwesenheit Geheebs und meines strafbaren Gehenlassens. / Dabei dichten sich die zwei Nationaldichter, die Zimmer an Zimmer leben, im Simplicissimus aus und finden es ganz selbstverständlich, daß sie unkontrolliert ihre Eier legen. Ich werde dafür sorgen, daß Ihr wieder das richtige Augenmaß kriegt. [...] Ich habe Dr. Geheeb geschrieben und ihm mitgeteilt, daß ich verantwortlich zeichnen will, um Herrn Scher nicht allzusehr [...] leiden zu lassen."[60]

Thoma konnte sich allerdings nicht durchsetzen: Weder wurde sein *Stockholm*-Gedicht im *Simplicissimus* abgedruckt,[61] noch hat er im Folgenden die redaktionelle Verantwortung für das Blatt zurückgewonnen, um es wieder seiner stärkeren ‚Kontrolle' unterwerfen zu können. Scher wurde nicht abgelöst und zeichnete im Impressum weiterhin für die Redaktion verantwortlich.

---

[59] Ebd.
[60] Ludwig Thoma an die Redaktion des Simplicissimus. Rottach, 3.5.1917, in: Thoma, Ein Leben in Briefen, 313.
[61] Der Text findet sich als Beilage zu seinem Brief an Reinhold Geheeb vom 2.5.1917, vgl. Thoma, Ein Leben in Briefen, 311.

Zwar erschienen auch danach noch regelmäßig Textbeiträge Thomas im Blatt; sein Verhältnis zur Schriftleitung blieb allerdings angespannt, zumal sich Blaich und Scher nach 1918 – weniger euphorisch als pragmatisch – auf den Boden der Weimarer Republik stellten und sogar die Novemberrevolution „reservatis reservandis"[62] mit Gedichten begrüßt hatten.[63] Als im Januar 1919 Gerüchte laut wurden, der stramm antiklerikale Thoma habe sich der neu gegründeten Bayerischen Volkspartei (mithin dem vormals im *Simplicissimus* so heftig bekämpften bayerischen Zentrum) angeschlossen, schien der „Faktor Thoma"[64] für das Blatt endgültig untragbar geworden zu sein. Unter dem Datum des 10. Januar 1919 berichtet Blaich dazu in seinem Tagebuch:

> „Früh nach München – Redaktion. Scher u. Geheeb liegen sich eben in den Haaren wegen der in der Presse erfolgten Ausschlachtung von Thomas Beitritt zur bayer. Volkspartei: Sch[er] wehleidig-neurasthenisch, Geheeb polternd-maniakalisch. Wir verständigen uns dahin, der Simpl. habe durch sein prakt. Verhalten zu beweisen, dass er mit Thomas Extratour nichts zu tun habe […]; erst wenn öffentl. die Behauptung der Identität Thoma = Simpl. aufgestellt würde, sei eine redaktionelle Erklärung erforderlich."[65]

Diese von Scher gemeinsam mit Blaich und Geheeb unterzeichnete Erklärung erschien bereits zwei Tage später in der *Frankfurter Zeitung*.[66] Sie bestand in einer förmlichen Distanzierung der *Simplicissimus*-Redaktion „von der neuen politischen Extratour des Herrn Ludwig

---

[62] Hans Erich Blaich an Kurt Tucholsky. Fürstenfeldbruck, 7.5.1919, in: BLAICH, Ausgewählte Werke, 332.
[63] Vgl. DR. OWLGLASS, Die Toten an die Lebenden, in: Simplicissimus 23 (1918) 467; Peter SCHER, Es war noch keine Nacht so tief, daß nicht ein Morgen in ihr schlief, in: Simplicissimus 23 (1918) 514.
[64] Hans Erich Blaich an Kurt Tucholsky. Fürstenfeldbruck, 8.9.1917, in: BLAICH, Ausgewählte Werke, 318.
[65] Zit. nach MEYER, Entlaufene Bürger, 148.
[66] Vgl. Frankfurter Zeitung, Nr. 30 vom 12.1.1919.

Thoma", die ebenso wenig für die Linie des Blattes stehen könne wie seine ehemalige „Gefolgschaft bei der Vaterlandspartei"[67] (die zu diesem Zeitpunkt zwar nicht mehr existierte, durch ihre Erwähnung aber die demonstrative Abgrenzung des Blattes vom Rechtsradikalismus noch einmal entschieden unterstreichen sollte). Thoma erwiderte darauf nicht nur öffentlich in der *Frankfurter Zeitung* vom 15. Januar, indem er seine tatsächliche Haltung zur BVP und seine konservativen Ansichten erläuterte,[68] sondern zeigte sich auch in einem Brief an Geheeb einmal mehr vom Verhalten der Redaktionsriege enttäuscht, da man seinen „Namen vor die Säue" geworfen habe:

> „Indeß das ist geschehen. / Taktisch wars darum verfehlt, weil nach außen hin der Eindruck erweckt wurde, als herrschten Streit und Zwiespalt im Simplicissimus. / Das allgemein. / Im besonderen war der nachhinkende Hinweis auf die Vaterlandspartei klein bis zur Grenze des Zulässigen. / Jetzt bedarf es noch einer Ergänzung. / Herr Sch[er]. muß sich bei der Frankf. Zeitung entschuldigen, daß er einmal im Herbst 1914 die Militärharfe allzu militärisch schlug. / Das gehört dazu. / Ich aber muß die Schande, im Juli 1917 festgestellt zu haben, was im August 1914 selbst demokratische Gemüter bewegte, in Gottes Namen auf mir sitzen lassen. / Ich werde es schon tragen."[69]

Dass sich Scher in den 1920er Jahren mit der ihm seit jeher eigenen Flexibilität zu einem engagierten Verteidiger der republikanischen Verhältnisse entwickeln und nicht nur im *Simplicissimus*, sondern auch als regelmäßiger Mitarbeiter der *Frankfurter Zeitung*, der *Weltbühne* und des *Tage-Buchs* dezidiert linksliberale Positionen gegen die erstarkende radikale Rechte beziehen sollte, hat Thoma nicht mehr erlebt. Schers letzter Brief an seinen vormaligen Förderer und langjährigen

---

[67] Ebd.
[68] Vgl. Frankfurter Zeitung, Nr. 39 vom 15.1.1919.
[69] Ludwig Thoma an Reinhold Geheeb. Rottach, 16.1.1919, in: THOMA, Ein Leben in Briefen, 360.

Kollegen wurde am 12. August 1921 verfasst, genau vierzehn Tage vor Thomas Tod. Scher schreibt darin, dass er erst jetzt durch Reinhold Geheeb von Thomas Operation erfahren habe und zeigt sich erfreut darüber, „daß es gut hinausgegangen ist". Seinen „herzlichsten Wünsche[n] für rascheste Besserung" fügt er – in völliger Verkennung der Situation – die Zeilen hinzu: „Hoffentlich entsetzt es Sie nicht, wenn ich Ihnen hier die F[rankfurter] Z[ei]t[un]g. beilege mit meinem Artikel über Ansbach, das Sie gewiß gut kennen. (Wenn aber nicht, rate ich dringendst zu baldigem Besuch.) / Nochmals: alles Gute! / Mit herzlichem Gruß / Ihr ergebener / Peter Scher".[70]

VI.

Scher hatte bereits im Frühjahr 1916 für die *Frankfurter Zeitung* zu schreiben begonnen und zunächst Kriegs-Feuilletons aus München beigesteuert, schon bald jedoch die Agenden eines vollwertigen Münchner Kultur-Korrespondenten übernommen, nachdem der bislang damit betraute Joachim Benn – ein Vetter Gottfried Benns – im November 1916 an der Somme gefallen war. Neben seiner Hauptbeschäftigung für den *Simplicissimus* konnte sich der Vielschreiber Scher damit ein weiteres publizistisches Standbein aufbauen, das ihm zugleich Gelegenheit bot, auch vor der Öffentlichkeit seine zunehmende Emanzipation vom Vorbild Ludwig Thomas zu demonstrieren. Zum einen stand ihm unterm Strich der *Frankfurter Zeitung* ein Artikulationsraum abseits der redaktionellen Strukturen des Münchner Satireblatts offen, dessen Mitarbeiterstamm zum anderen einen dankbaren Gegenstandsbereich für die Berichterstattung eines Feuil-

---

[70] Peter Scher an Ludwig Thoma. München, 12.8.1921 (Monacensia, Nachlass Ludwig Thoma, LT B 162). Beim genannten Artikel handelt es sich um ein Reisefeuilleton, das Scher im Auftrag der *Frankfurter Zeitung* anlässlich des 700-jährigen Stadtjubiläums Ansbachs verfasst hatte; vgl. Peter SCHER, Ansbach. Zur Siebenhundertjahr-Feier einer fränkischen Stadt, in: Frankfurter Zeitung, Nr. 590 vom 11.8.1921.

letonkorrespondenten bereit hielt, der über aktuelle Entwicklungen in der Münchner Kulturszene zu berichten hatte. Als geschickter Netzwerker konnte Scher damit nicht nur die Klaviatur der Aufmerksamkeitsökonomie für befreundete *Simplicissimus*-Kollegen wie etwa Karl Arnold oder Olaf Gulbransson in der *Frankfurter Zeitung* bespielen,[71] sondern fand zugleich die Möglichkeit, als Rezensent den Nachweis seiner intellektuellen Unabhängigkeit durch subtile Positionsmarkierungen – insbesondere in Abgrenzung zu Ludwig Thoma – gleichsam exterritorial unter Beweis zu stellen. Ein Beispiel dafür liefert seine Theaterkritik zur Uraufführung der drei Thoma-Einakter *Brautschau*, *Dichters Ehrentag* und *Die kleinen Verwandten* vom 21. Oktober 1916 am Münchner Residenztheater, die zwei Tage später in der *Frankfurter Zeitung* erschien.[72] Scher lobt Thoma darin als den „bedeutendsten Gestalter bayrischen Volkstums, das er, kräftig und frisch wie in seiner allerbesten Zeit, in der ‚Brautschau' nachgeschaffen hat".[73] Dieses Lob, das mit einem Rückverweis auf die Romane *Andreas Vöst* und *Der Wittiber* als Thomas eigentlichen Meisterwerken unterstrichen wird, impliziert freilich, dass die „allerbeste Zeit" des Dichters im Jahr 1916 bereits vorüber sei und die beiden anderen Einakter durchaus Anlass für Monita boten. Diese Einschätzung wird durch eine Gesamtcharakterisierung von Thomas Schaffen weiter differenziert:

> „In Ludwig Thoma [...] wirken Bauer, Bürger und Künstler zusammen, wovon es kommen mag, daß er, der bodenständig ist wie wenige, vorwiegend Bauern künstlerisch erfaßt und gestal-

---

[71] Vgl. z. B. Peter SCHER, Von jungen und jüngsten Münchner Künstlern, in: Frankfurter Zeitung, Nr. 331 vom 29.11.1916; P. S. [d. i. Peter SCHER], Die Münchner „Mappe"-Ausstellung, in: Frankfurter Zeitung, Nr. 208 vom 18.3.1919 oder Peter SCHER, Tolstoi, Gorki und Olaf Gulbransson, in: Frankfurter Zeitung, Nr. 504 vom 9.7.1922.

[72] Vgl. P. S. [d. i. Peter SCHER], Münchner Theater. Ludwig Thoma Einakter-Abend: „Brautschau" – „Dichters Ehrentag" – „Die kleinen Verwandten". Uraufführung im Münchner Residenztheater am 21. Oktober, in: Frankfurter Zeitung, Nr. 294 vom 23.10.1916.

[73] Ebd.

tet, bisweilen aber auch wohl Künstler mit den Augen eines Bürgers sieht und mit jägerischem Temperament mehr überwältigt als bewältigt."[74]

Auch als Satiriker – so Scher weiter – sei Thoma „von jeher mehr ein Mann des Temperaments und weniger ein Revolutionär" gewesen, dessen Stärken stets im „Gegenständlichen" und im Sinn „für das Komische" gelegen haben.[75] Dass sie folglich nicht in der intellektuellen Analyse zu suchen seien, wurde damit deutlich genug zum Ausdruck gebracht.

Indem Scher solchermaßen den Bauernschilderer Thoma vom Satiriker abgrenzt, setzt er eine argumentative Linie fort, die sich spätestens seit Josef Hofmillers frühen Verrissen des *Jozef Filser* durch die Thoma-Kritik zieht und in der Folgezeit mit wechselnden Vorzeichen entweder zugunsten der einen oder der andere Rolle ausgelegt werden konnte.[76] Scher dient die Unterscheidung 1916 indes vor allem zu einer impliziten Bestimmung der eigenen Position, um sein Verhältnis als *Simplicissimus*-Satiriker und zeitkritischer Feuilletonist zu seinem ehemaligen Mentor zu definieren. Das unumwundene Lob des bäuerlichen Menschenschilderers, das Scher Jahre später in einer Besprechung von Thomas *Gesammelten Werken* noch einmal am Beispiel des *Wittiber* wiederholen sollte, ehrt den Dichter notabene als Meister eines Metiers, das der Kritiker selbst nicht ausübte,[77] während die Einschätzung

---

[74] Ebd.
[75] Ebd.
[76] Vgl. Michael PILZ, Der Autor und sein Kritiker. Ludwig Thoma und Josef Hofmiller. Stationen einer schwierigen Beziehung zwischen „März" und „Miesbacher Anzeiger", in: Freunde der Monacensia e.V. Jahrbuch 2017, 88–120.
[77] Vgl. Peter SCHER, Zur Ludwig Thoma-Gesamtausgabe, in: Frankfurter Zeitung, Beiblatt „Gute Geschenk-Literatur" zu Nr. 886 vom 10.12.1922: „Unvergänglich ist der ‚Wittiber' […]. Was war der bayrische Bauer in der deutschen Nationalliteratur, bevor Ludwig Thoma ihn entdeckte? Er war das, wozu ihn die Lederhosen-Fanatiker, die sich jetzt gern für Thomas Freunde halten, eher heute als morgen wieder machen möchten: Vorwand für heimattreues Öldruckbild." – Vgl. dazu auch Schers Brief an Thoma aus München vom 2.4.1916 (Monacensia, Nachlass Ludwig Thoma,

des Satirikers Thoma bereits vom Standpunkt eines Nachfolgers aus artikuliert wurde, dessen Kennungen „Peter Scher" und „Emanuel" im *Simplicissimus* längst die Marke „Peter Schlemihl" abgelöst hatten.[78] Dementsprechend durfte Scher auch in seiner Besprechung von Thomas Einaktern eine gewisse Expertise für sich in Anspruch nehmen, wenn er – nun von Kollege zu Kollege sprechend – die Literaturbetriebssatire *Dichters Ehrentag* als das schwächste Stück des Abends charakterisierte:

> „Dichters Ehrentag' spielt in Berliner Literaten- und Theaterkreisen und erweist, wie sich dem Dichter die Konturen verwischen können, wenn er, aus seinem eigentlichen Erlebnis-Umkreis heraustretend, auf Reminiszenzen einhakt. Es geschieht ihm dann wohl, daß er sich, aus der Entfernung die Karikatur der Dinge für Wirklichkeit nehmend, bewogen fühlt, eine Karikatur auf die Karikatur zu machen."[79]

Insbesondere die Figur des 16-jährigen Moritz Mengold, den Scher als Thomas Versuch einer Parodie auf die expressionistischen „Jüngsten" identifiziert,[80] sei in dieser Hinsicht gründlich misslungen, zumal der Dichter wenig Verständnis für die Oppositionshaltung einer nachrückenden literarischen Jugend verrate, die das Etablierte „schon darum

---

LT B 162), in dem er dem Dichter persönlich seine Wertschätzung in Bezug auf den *Wittiber* ausspricht und ihn zugleich gegen eine Klassifizierung des völkischen Literaturkritikers Adolf Bartels in Schutz nimmt, die Thoma einseitig auf die Rolle des Satirikers reduzieren würde: „Mir persönlich hat ja Ihr ‚Wittiber' den ein für allemal feststehenden Begriff vom deutschen Bauern gegeben […]. (Dabei fällt mir nie, daß ich neulich mit Staunen aus der Bücherliste der ‚guten deutschen Bücher' des Teut Adolf Barthels ersehen habe, daß sie ‚wohl vorwiegend satirisch tätig sind.' Diese gekränkte Leberwurst bringt es fertig, so zu tun, als ob er nie etwas vom ‚Wittiber' gehört hätte! Freilich kommt es ja auch heute noch nicht auf den ollen Barthels, sondern Gott sei dank auf die Deutschen an)."

[78] Das letzte „Peter Schlemihl"-Gedicht Thomas war am 3. August 1914 im *Simplicissimus* erschienen, vgl. Peter SCHLEMIHL, Die Helden, in: Simplicissimus 19 (1914) 295.

[79] P. S. [d. i. Peter SCHER], Münchner Theater.

[80] Ebd.

für erledigt halten muß, weil es nicht jung und stürmisch ist".[81] Scher inszeniert sich mit dieser Randbemerkung nicht nur als ein potenzieller Koalitionär für die progressiven Kräfte im Feld der Literatur; er konnte beim Publikum der *Frankfurter Zeitung* vor allem auch das Wissen darüber voraussetzen, dass er selbst – im Gegensatz zu Thoma – den Berliner Literaturbetrieb sehr wohl aus eigener Anschauung kannte und ihn bereits vor 1914 zum bevorzugten Gegenstand seiner Satire in den Zeitungsfeuilletons wie in der *Jugend* und im *Simplicissimus* gemacht hatte. Wäre Moritz Mengold eine Figur von Scher – so die implizite Botschaft seiner Rezension – wäre sie wohl treffender geraten als bei Thoma, der lediglich ein zahnloses „Lustspiel" geschrieben hatte „das eine schneidende Satire sein *könnte* und ein lustiger Schwank ist".[82]

Wie Thoma auf Schers Kritik reagierte, geht aus dem erhalten gebliebenen Briefwechsel zwischen beiden nicht hervor. Wie er die von Scher als Satiriker angemeldeten Ansprüche quittierte, ist aus seiner 1917 geäußerten Häme über Scher und Blaich als den zwei neuen „Nationaldichtern" des *Simplicissimus* immerhin abzuleiten.[83] Für Scher selbst reduzierten sich die innerredaktionellen Konflikte mit Thoma in der Retrospektive auf die lakonische Bemerkung, sie hätten in der Zeit der gemeinsamen Arbeit am *Simplicissimus* immer wieder miteinander „gerauft".[84] Der Nachruf auf Thoma im Feuilleton der *Frankfurter Zeitung*, den zu schreiben Scher als München-Korrespondent des Blattes oblag, wiederholt gleichwohl die zentralen Passagen aus der Einakter-Kritik des Jahres 1916, die einerseits die relative Begrenztheit von Thomas Satire akzentuiert, und andererseits die Kanonisierung des klassischen ‚Bayerndichters' unterstützt.[85] Im Übrigen bemüht sich

---

[81] Ebd.
[82] Ebd. (Hervorhebung M. P.).
[83] Vgl. Anm. 60.
[84] SCHER, Erinnerungen an Ludwig Thoma.
[85] So besteht auch für Scher kein Zweifel daran, dass „Ludwig Thoma […] wohl der größte Schriftsteller war, den Bayern hervorgebracht hat" (ebd.).

Scher – durchaus dankbar für die erhaltene Förderung – um eine ausgewogene Darstellung des „Menschen Ludwig Thoma",[86] der ihm als Anekdoten-Lieferant für die folgenden Jahrzehnte von der Weimarer Republik über das ‚Dritte Reich' bis in die Zeit der frühen Bundesrepublik hinein reichlich ausmünzbaren Stoff zum Füllen der Feuilletonspalten bieten konnte.[87] Während Scher damit selbst eifrig am stereotypen Bild des rustikal-krachledernen Polterers und Jägers Thoma mitarbeitete, klingen die Eröffnungssätze seines Nachrufs von 1921 in Hinblick auf den weiteren Verlauf der Thoma-Rezeption geradezu prophetisch: „Ludwig Thoma ist tot und die Literarhistoriker gehen an ihre Arbeit. Möge sie ihnen gut geraten. Wer näher bei ihm stand auf dieser Eilzugsdurchfahrt, die man Leben nennt – dem ist nicht wohl zu Mute."[88]

---

[86] Ebd.
[87] Vgl. z. B. Peter SCHER, Der Rehbock. Eine Ludwig Thoma-Erinnerung, in: Stuttgarter Neues Tagblatt, Nr. 574 vom 8.12.1926, auch in: Neues Wiener Journal vom 21.1.1927 und zahlreichen anderen Blättern; Peter SCHER, Ein unbekannter Thoma-Brief, in: Die Friedenspfeife. Blätter für Bücherfreunde und andere Zeitgenossen 1 (1936), 29 oder auch Peter SCHER, Der Thoma von dazumal, in: Neue literarische Welt, Nr. 8 vom 25.4.1952.
[88] SCHER, Erinnerungen an Ludwig Thoma.

SAMMELN, SICHTEN, BEWAHREN

Bernhard Gajeks Lebenswerk

Gertrud Maria Rösch

Seinen akademischen Weg begann Bernhard Gajek mit der Promotion 1959 in München. Die Studie über *Sprache beim jungen Hamann* blieb ungedruckt, zeitigte jedoch eine lange Nachwirkung in der Forschung zu diesem Philosophen, Philologen und Theologen, denn die Internationalen Hamann-Kolloquien – 1975 von dem Heidelberger Mentor Arthur Henkel angeregt – führte Bernhard Gajek mit Engagement über Jahrzehnte. Sie brachten die internationalen Forscher aus Europa und Übersee zusammen und schlugen Forschungsbrücken nach Russland (auf dessen Territorium Hamanns Geburtsstadt Königsberg heute liegt), nach Japan, Dänemark (bes. zu Sven-Aage Jørgensen), Polen, Ungarn und Tschechien (zu Jiří Munzar), England und Frankreich (etwa zu François Ponçet). Die verstreuten Bibliotheksbestände in diesen Ländern zu sichten, die Geschichte der Übersetzungen in Erinnerung zu bringen und die Querverbindungen zur Literatur und zur Philosophie des jeweiligen Landes darzustellen – davon legen die Vorträge ein beredtes Zeugnis ab. Sie erschienen alle in der von Bernhard Gajek herausgegebenen Reihe der *Regensburger Beiträge zur deutschen Sprach- und Literaturwissenschaft*, die in zwei Abteilungen (A: Quellen; B: Studien) diese Forschungsarbeiten aufnahm.

Die Habilitation, betreut von Arthur Henkel (1915–2005) und Hermann Kunisch (1901–1991), folgte im Sommersemester 1969 in Heidelberg an der Philosophischen Fakultät (sic!) mit der Studie *Homo Poeta. Zur Kontinuität der Problematik bei Clemens Brentano*; in der Studie, entstanden von 1966 bis 1969 mit einem Stipendium der Deutschen Forschungsgemeinschaft, schälte er am Beispiel dreier kontrovers interpretierter Gedichte (*Solinus-Legende*, 1828; *Mosel-Eisgangs-Lied*, 1830; *Marina-Legende*, 1834–41) die Motiv-Parallelen und die Strukturen heraus, die Brentanos ganzem Werk eigen sind. Ihr Ergebnis war es, den – von Brentano selbst bestrittenen – Zusammenhang von Früh- und Spätwerk in der Lyrik aufzuzeigen. Verwahrt wird Brentanos Nachlass im Freien Deutschen Hochstift, an dem Bernhard Gajek von 1962 bis 1966 als Kustos tätig war und so ein Grundthema seines Arbeitens gewann: Sammeln, Sichten, Bewahren. In der Nähe seines Arbeitens stand als Orientierungspunkt immer das Werk Goethes, dem er in gründlicher Kenntnis schon früh den Band widmete: *Goethes Leben und Werk in Daten und Bildern* (1966 zusammen mit Franz Götting und Jörn Göres im Insel-Verlag erschienen).

Bernhard Gajeks Lebensthema – das Verhältnis von Leben und Werk – scheint damit gesetzt. Als die Habilitation mit einem umfangreichen Anhang zu den Büchern in Brentanos Nachlass, zu Luise Hensels Tagebuch sowie Briefen Brentanos zur Entstehung der drei Gedichte 1971 erschien, war sein Verfasser auf den Lehrstuhl für Deutsche Philologie an der Universität Regensburg berufen worden, den er bis 1994 innehatte. Der Schwerpunkt seiner philologischen Arbeit war die Mitwirkung an der entstehenden Frankfurter Brentano-Ausgabe, in der Bernhard Gajek (mit Michael Grus) für die Lyrik verantwortlich war. Zusammen mit den Kollegen tat er einen mutigen Schritt, indem er das Verfahren der Ausstreichungen und Korrekturen in einem abgekürzten Apparat in die Papierfassung übernahm und so der fachlich interessierten Leserschaft wie den philologischen Kollegen eine Gesamtausgabe vorlegte, die bis dahin nicht hatte existieren können, da Brentano selbst die eigenen Gedichte nach 1817 nicht mehr herausgab.

In zahlreichen Figurationen bleibt die Familie Brentano in seinem Schreiben präsent, wie dies zuletzt die umfangreiche Edition der Briefe Bettine Brentanos an Hermann von Pückler-Muskau zeigt, die er mit Enid Gajek herausgab (2001). Die Gedichtausgabe, aber auch ihre biographisch-historischen Weiterungen durchziehen seine Tätigkeit als Ordinarius in Regensburg. In einer großen Ausstellung im Jahr 1979 und in mehreren Aufsätzen lenkte er den Blick auf die Regensburger Bischöfe Johann Michael Sailer und Melchior Diepenbrock und ihre

Bedeutung für die spätromantische Generation. Das Schriftenverzeichnis belegt eindrucksvoll Bernhard Gajeks zwischen Philologie und öffentlichem Interesse vermittelndes Schreiben, sei es in Aufsätzen, Vorträgen, Katalogbeiträgen oder Zeitungsartikeln. Sein Aufsatz *Romantiker in Regensburg* (1994) kann geradezu als Vademecum für einen Gang durch die Reichsstadt dienen, denn liebenswert verbindet er die Schauplätze mit den dichterischen Stimmen. Diese Begabung für literarische Topographie ist nicht hoch genug zu schätzen. Sie verhalf auch dem Literaturarchiv Sulzbach-Rosenberg überhaupt erst zu seiner Existenz und in der Folge zu einem wissenschaftlichen Profil. Der dort, in dieser oberpfälzischen Stadt geborene Berliner Literaturhistoriker Walter Höllerer (1922–2003) hatte seinen umfangreichen Vorlass – u. a. als Herausgeber der Zeitschrift *Akzente* – versprochen, wenn ein geeignetes Archiv entstünde; so gelangte u. a. das zunächst verschollene Manuskript des Romans *Die Blechtrommel* von Günter Grass dorthin.

Was daraus zu erkennen ist: Bernhard Gajek hat sich einspannen lassen auch in nicht streng philologische Mühen, wenn es durch die Zeitläufte geboten schien. So begann der Austausch mit den Universitäten jenseits des Eisernen Vorhangs durch Konferenzen und Begegnungen (gefördert vom DAAD) wie auch die Zusammenarbeit mit den Kollegen in der Slavistik, mit Erwin Wedel (1926–2018), der in der Regensburger Partnerstadt Odessa geboren war, und mit Werner Koschmal. Daraus entstanden wissenschaftliche Karrieren. Diesen Kooperationen, auch zu Poznan und Brno, verdanken sich die Wege des zunächst in Polen als Lektor tätigen Jürgen Joachimsthaler (1964–2018), später Literaturwissenschaftler in Marburg, und die Kontakte nach Łodz des zuletzt nach Heidelberg berufenen Linguisten Jörg Riecke (1960-2019). Zahlreiche Dissertationen – deren Betreuung Bernhard Gajek mit Ausdauer und Fürsorge übernommen hat – förderten vielfach Erstaunliches zu Tage; das Verzeichnis der Studien, die in der Reihe der *Regensburger Beiträge* (betreut von Peter Lang) erschienen, bezeugt dies. Ein großer Teil seiner Energie floss in die Lehre; dazu gehörte – damals ein Novum – ein berufsqualifizierender Schwerpunkt mit Seminaren, in denen Akteure aus Zeitung und Verlag den Studierenden Wege in den Beruf jenseits des schulischen Lehramts aufzeigten. Exkursionen und Seminare in Verbindung mit Archivaufenthalten stellten eine zusätzliche Arbeitslast dar, die den Teilnehmenden jedoch unendlich viel Gewinn durch Anschauung brachte und ihre Erinnerung an ihr Studium bis heute prägt. Verzahnt waren die Themen mancher Hauptseminare mit der Tätigkeit Bernhard Gajeks als langjähriger Kunstsachverständiger für die Bundesprüfstelle für jugendgefährdende Schriften; die Gutachten seien „für jedermann verständlich und dennoch wissenschaftlich überzeugend gewesen", bestätigte ihm Rudolf Stefen in der Festschrift von 1994.

Und zuletzt: Ludwig Thoma. Der Weg zu diesem Autor war flankiert von Namen wie Hermann Hesse, Ludwig Fulda, Johannes Bobrowski und Ernst Jünger. Das literarische Leben des Kaiserreichs war Bernhard Gajek als Kontext geläufig durch eine zweibändige Edition der Briefe des Dramatikers Ludwig Fulda, die Wolfgang v. Ungern-Sternberg mit verantwortete und zu der Golo Mann (1909–1994) das Vorwort beisteuerte. Ein eher praktischer Grund lag im Bestreben des Piper Verlags, die 1991 auslaufenden Rechte an Thomas Werken durch revidierte Textfassungen noch einige Jahre zu sichern. Die bis dahin vorliegenden Editionen hatten nicht den Ehrgeiz textkritischer Überprüfung an Handschriften und versuchten nur eine geringe Kontextualisierung und konkrete Einordnung des jeweiligen Textes. Ab Mitte der 1980er Jahre begannen die Neuausgaben in Einzelbänden zu erschienen, denen Bernhard Gajek jeweils Nachworte beigab, die als Werkstudien eigenen Rechts gelten können. Ein unerwartetes Resultat fand diese Tätigkeit in der Auseinandersetzung um die Beiträge im *Miesbacher Anzeiger*, die 1989 ausbrach, nachdem ein Regensburger Kollege, der Landeshistoriker Wilhelm Volkert (1928–2020), eine von Bernhard Gajek angeregte kommentierte Edition aller Beiträge vorgelegt hatte. Selten hatte Literaturwissenschaft mehr Relevanz für das öffentliche Leben als in diesem Moment, der die Stadt München bewog, die Verleihung der Thoma-Medaille bis heute auszusetzen. Besonders diese Frage nach der Nähe Thomas zum strukturellen Antisemitismus des Kaiserreichs hat Bernhard Gajek seitdem mehrfach zu Antworten motiviert, wobei er immer die zeithistorische Gebundenheit des Autors und die ästhetische Eigenwertigkeit des Werkes gewahrt wissen wollte.

Bernhard Gajek – Schriftenverzeichnis

Neue Dokumente zu Ludwig Thoma, Theodor Loewenfeld, Helene und Ignatius Taschner, Aloys Maria Lautenschläger und Maidi von Liebermann, in: Freunde der Monacensia e.V. Jahrbuch 2022, 149–190.

Ludwig Thoma und die Taschners. Freundschaft und Werk (1904–1915), in: Ludwig Thoma. Zwischen Stammtisch und Erotik, Satire und Poesie, hg. v. Franz-Josef Rigo und Klaus Wolf, München 2021, 13–26.

Bauherr hinter Gittern: Ludwig Thomas Baupläne in der Strafjustizvollzugsanstalt Stadelheim (bei München). Ein neuer Brief aus der Justizvollzugsanstalt Stadelheim vom 23. Oktober 1906. Mit einem Anhang zu Thomas Doktortitel, in: Freunde der Monacensia e.V. Jahrbuch 2020, 259–272.

Eberhard Dünninger als Forscher und Hochschullehrer, in: Bibliotheken, Literatur, Regensburg und die Oberpfalz. In memoriam Eberhard Dünninger (1934–2015), Regensburg 2016, 32–37.

‚Ein pornographischer Roman kann Kunst sein'. Zur jüngeren Geschichte des Verhältnisses von Literatur und Recht, in: Literaturkritik.de (2015).

Friedrich Hölderlin und die Inspirationskraft des Schottenportals, in: Kleine Regensburger Literaturgeschichte, hg. v. Rainer Barbey, Regensburg 2014, 217–223.

Romantik in Regensburg: Achim von Arnim, Joseph von Eichendorff, Clemens Brentano, in: Kleine Regensburger Literaturgeschichte, hg. v. Rainer Barbey, Regensburg 2014, 204–216.

‚Liebstes Kätzlich … Dein Lucke'. Briefe, Postkarten und Urkunden zu Ludwig Thomas Ehe und Scheidung und Marions dritter Ehe, in: Freunde der Monacensia e.V. Jahrbuch 2013, 127–176.

Ludwig Thoma (1867–1921). Philosemitismus – Antisemitismus. Ein Beitrag zur Diskussion, in: Freunde der Monacensia e.V. Jahrbuch 2012, 132–165.

Clemens Brentano, Sämtliche Werke und Briefe, Bd. 2/1: Gedichte 1801–1806. Text, Lesarten und Erläuterungen, hg. zusammen mit Michael Grus, Stuttgart 2012 (Historisch-kritische Ausgabe, veranstaltet vom Freien Deutschen Hochstift).

Zum Andenken an Wilhelm Deinert (29. März 1933–2. Mai 2012), in: Literatur in Bayern 27, 2012, 43–45.

Friedrich Georg Jünger und der ‚radikale Geist', in: Arbitrium 28, 2010, 236–239 [Rez. zu: Ulrich FRÖSCHLE, Friedrich Georg Jünger und der ‚radikale Geist'. Eine Fallstudie zum literarischen Radikalismus der Zwischenkriegszeit, Dresden 2008].

Unterdrückte Emanzipation. Zum 70. Todestag des Frankfurter Dichters Ludwig Fulda (1862–1939), mit einem Briefwechsel zwischen Moritz Lederer, Ludwig Fulda und der Jüdischen Gemeinde in Berlin (1937), zusammen mit Manfred BOSCH, in: Jahrbuch des Freien Deutschen Hochstifts 2009, 397–432.

‚Dichtung ist Welt und Ordnung aus Sprache'. Über den Sprachkünstler Wilhelm Deinert, in: Literatur in Bayern 2009, 43–45.

Gedicht – Urteil – Strafe. Ludwig Thomas Aufruf ‚An die Sittlichkeitsprediger in Köln am Rheine', in: Lyrik im historischen Kontext. Festschrift für Reiner Wild, hg. v. Andreas BÖHN, Ulrich KITTSTEIN, Christoph WEISS, Würzburg 2009, 254–269.

Hermann-Hesse-Bibliographie, in: Arbitrium 27, 2009, 113–115 [Rez. zu: Jürgen BELOW, Hermann Hesse Bibliographie, Berlin 2007]

Einführung in Johannes Bobrowskis Dichtung, in: Natursprache. Deutsche Dichter der Nachkriegszeit, hg. v. Wolfgang SCHÜHLY, Neustadt an der Orla 2009, 12–47.

Clemens Brentano, Sämtliche Werke und Briefe, Bd. 1: Gedichte 1784–1801. Text, Lesarten und Erläuterungen, hg. zusammen mit Michael GRUS, Stuttgart 2007 (Historisch-kritische Ausgabe, veranstaltet vom Freien Deutschen Hochstift).

Maidi von Liebermanns Klage wegen Ludwig Thomas Briefen an Marion Thoma. Beispiele und Überlegungen zum Verhältnis von Urheberrecht und Personen im frühen 20. Jahrhundert, in: Europäische Begegnungen. Beiträge zur Literaturwissenschaft, Sprache und Philosophie, Festschrift für Joseph Kohnen, hg. v. Susanne CRAEMER, Luxembourg 2006, 343–362.

‚Ich freue mich, daß Ihre Muse ungepanschten Wein liebt'. Hermann Hesse und Ludwig Thoma, 1905–1955, in: Bespiegelungskunst. Begegnungen auf den Seitenwegen der Literaturgeschichte, hg. v. Georg

Braungart, Friedmann Harzer, Hans Peter Neureuter, Gertrud M. Rösch, Tübingen 2006, 165–179.

Die Gegenwärtigkeit Johann Georg Hamanns. Acta des achten Internationalen Hamann-Kolloquiums an der Martin-Luther-Universität Halle-Wittenberg 2002, hg. v. Bernhard Gajek, Frankfurt/M. 2005.

Maidi von Liebermann als Erbin der Verlagsrechte Ludwig Thomas. Ein Beitrag zur Geschichte des Urheberrechts und der Münchner Verlage Albert Langen, Albert Langen/Georg Müller und R. Piper & Co (1921 bis 1991), in: Romantik und Exil. Festschrift für Konrad Feilchenfeldt, hg. v. Claudia Christophersen und Ursula Hudson-Wiedenmann, Würzburg 2004, 480–495.

Doch wohnt nur eine Liebe in dem Leben. Clemens Brentanos Briefe und Sonette an Minna Reichenbach, in: Auf Dornen oder Rosen hingesunken? Eros und Poesie bei Clemens Brentano, hg. v. Hartwig Schultz, Berlin 2003, 47–93.

An der Schwelle zum Eigenen. Georg Brittings Regensburger Theaterkritiken (1912–1914 und 1918–1921), in: Goethezeit – Zeit für Goethe. Auf den Spuren deutscher Lyriküberlieferung in die Moderne. Festschrift für Christoph Perels zum 65. Geburtstag, hg. v. Konrad Feilchenfeldt, Tübingen 2003, 413–426.

Ernst Jüngers Hamann-Erlebnis, in: Verwandtschaften, hg. v. Günter Figal und Georg Knapp, Tübingen 2003, 53–73.

Ernst Jünger, Briefe 1930–1983, In: Les carnets 6, 2001, 220–222 [Rez. zu: Ernst Jünger, Briefe 1930–1983, hg. v. Helmuth Kiesel, Stuttgart 1999].

Ernst Jüngers Essay ‚Philemon und Baucis. Der Tod in der mythischen und in der technischen Welt', in: Titan Technik. Ernst und Friedrich Georg Jünger über das technische Zeitalter, hg. v. Friedrich Strack, Würzburg 2000, 255–268; ebenso in: Les carnets 4, 1999, 205–223.

Zwei Oberbayern in Australien. Ludwig Thomas Brüder Max und Peter auf dem fünften Kontinent (1882–1901), in: ‚Bedeutung in den Bildern'. Festschrift für Jörg Traeger zum 60. Geburtstag, hg. v. Karl Möseneder und Gosbert Schüssler, Regensburg 2002, 101–120.

‚Wer ein schön Gesicht hat …', in: Internationales Jahrbuch der Bettinavon-Arnim-Gesellschaft 13/14, 2001/2002, 260–262 [Rez. zu: Bettina von Arnim, ‚Wer ein schön Gesicht hat …'. Originale und erdichtete Briefe, hg. v. Hannelore SCHLAFFER, München 1999].

‚Die Sache der Frau' – ein Thema mit Variationen. Ludwig Fuldas Schauspiel ‚Die Sklavin', Henrik Ibsens ‚Nora. Ein Puppenheim' und Elfriede Jelineks ‚Was geschah, nachdem Nora ihren Mann verlassen hatte'. Ein Vergleich, in: ‚Daß gepfleget werde der feste Buchstab'. Festschrift für Heinz Rölleke zum 65. Geburtstag am 6. November 2001, hg. v. Lothar BLUHM, Trier 2001, 393–411.

Ludwig Thomas Romanfragment ‚Kaspar Lorinser' (1920), in: Lese-Erlebnisse und Literatur-Erfahrungen. Annäherungen an literarische Werke von Luther bis Enzensberger. Festschrift für Kurt Franz zum 60. Geburtstag, hg. v. Günter LANGE, Baltmannsweiler 2001, 263–275.

Ludwig Kemmer an Ludwig Thoma. Ein literarisch-patriotischer Briefwechsel aus München am Ende des Ersten Weltkriegs, in: Kultur, Sprache, Macht. Festschrift für Peter Horn, hg. v. John NOYES, Frankfurt/M. 2000, 161–172.

Ludwig Thoma, in: Lexikon für Theologie und Kirche, begr. v. Michael BUCHBERGER, hg. v. Walter KASPER, Bd. 9, 3. Aufl. Freiburg 2000, Sp.1504.

Orient – Italien – Rheinlandschaft. Von der dreifachen ‚Heimat alles Wunderbaren'. Zu Clemens Brentanos ‚Lore Lay', in: Geschichte der deutschen Lyrik in Beispielen. Vom Mittelalter bis zum Zweiten Weltkrieg, hg. v. Dietmar JAEGLE, vorgetragen von Wolfgang HÖPER, Teil 2: Von der Aufklärung bis zur Romantik. Reclam-Klassiker auf CD-Rom, Stuttgart 2000; ebenso in: Gedichte und Interpretationen. Deutsche Balladen, hg. v. Gunter E. GRIMM, Stuttgart 1988, 137 ff. (RUB 8457).

Von der Schwierigkeit, Nationaldichter zu sein. Ludwig Thomas Beitrag zur bairischen Literatur, in: Colloquia für Dieter Schwab zum 65. Geburtstag, hg. v. Diethelm KLIPPEL, Hans-Jürgen BECKER, Reinhard ZIMMERMANN, Bielefeld 2000, 51–65.

Freundschaft zwischen Eigenbrötlern. Hermann Hesse und Ludwig Thoma (1905–1950), in: Zwischen Eigen-Sinn und Anpassung. Außenseitertum im Leben und Werk von Hermann Hesse, hg. v. Michael LIMBERG, Bad Liebenzell 1999, 133–152.

Johann Georg Hamann und England. Hamann und die englischsprachige Aufklärung. Acta des siebten Internationalen Hamann-Kolloquiums zu Marburg/Lahn 1996, hg. v. Bernhard GAJEK, Frankfurt/M. 1999.

‚Magie und Teufelspakt' in psychologischer, volkskundlicher, rechts- und literaturgeschichtlicher Sicht, Teil II: Literaturgeschichte. Regensburger Universitäts-Zeitung 1998 (2), 18–19.

Ernst Jünger, in: Les carnets 3, 1998, 215–216 [Rez. zu: Paul NOACK, Ernst Jünger. Eine Biographie, Berlin 1998].

Das Grab in Wilflingen. Anmerkungen zur Beerdigung Ernst Jüngers, in: Les carnets 3, 1998, 15–17; ebenso in: Studia Germanica Posnaniensia 24, 1999, 195–197.

Alles fließt aus einer Feder (Zum 70. Geburtstag von Günter Grass), in: Börsenblatt für den deutschen Buchhandel 164, 1997, 6–8.

‚Trotzig gegen den Strom rudern'. Ein deutscher Autor von Weltrang. Günter Grass wird am Donnerstag 70 Jahre alt, in: Mittelbayerische Zeitung, Oktober 1997.

Literatur und Moral: Überlegungen zu Kunstfreiheit und Zensur, in: Folia germanica. Acta Universitatis Lodziensis 1, 1997, 5–18.

Magister – Nigromontan – Schwarzenberg. Ernst Jünger und Hugo Fischer, in: Revue de littérature comparée (RLC) 71, 1997, 479–500 und 540–541.

Onkel Sams Hütte, in: Internationales Jahrbuch der Bettina-von-Arnim-Gesellschaft 8/9, 1996/97, 292–293 [Rez. zu: Helmut HIRSCH, Onkel Sams Hütte. Autobiographisches Garn eines Asylanten in den USA, Leipzig 1994].

Familienstrukturen in literatur-, rechts-, wirtschaftsgeschichtlicher und psychologischer Sicht, Teil II: Psychologie und Germanistik, in: Regensburger Universitäts-Zeitung 1996 (2), 10–13.

Der Magus in Norden, in: Arbitrium 1996, H. 3, 345–347 [Rez. zu: Isaiah BERLIN, Der Magus in Norden. J. G. Hamann und der Ursprung des modernen Irrationalismus, hg. v. Henry HARDY, Berlin 1995].

Ernst Jünger und Johann Georg Hamann, in: Études germaniques 51, 1996 (4), 677–692.

Kritik am ‚Simplicissimus'. Ludwig Kemmer und Ludwig Thoma, in: Simplicissimus. Glanz und Elend der Satire in Deutschland, hg. v. Gertrud Maria Rösch, Regensburg 1996, 49–60 (Schriftenreihe der Universität Regensburg 23).

Ludwig Thoma, ‚Moral', in: Dramen des 20. Jahrhunderts, hg. v. Konstanze Fliedl, Band 1, Stuttgart 1996, 40–68 (RUB 9460).

‚Herrscher ohne Krone' als Nachlass. Filmregisseur im Literaturarchiv, in: Die Woche. Regensburger Wochenzeitung 1995, 24.

Bettine von Arnim und Carl Theodor von Dalberg, in: Jahrbuch des Freien Deutschen Hochstifts 1995, 167–185.

Clemens Brentano, Sämtliche Werke und Briefe, Bd. 27/2: Religiöse Werke 5/2. Das bittere Leiden unsers Herrn Jesu Christi, Lesarten und Erläuterungen, hg. zusammen mit Irmengard Schmidbauer, Stuttgart 1995 (Historisch-kritische Ausgabe, veranstaltet vom Freien Deutschen Hochstift).

Hermann Hesses Verhältnis zum Expressionismus, in: Im Dialog der Kulturen. Festschrift für Tschong-Dae Kim zu seinem 60. Geburtstag, Seoul 1995, 387–400.

Malen aus Lust: Zu den Bildern von Gerhard Franz, in: Uni pro arte. Gerhard Franz, Hermann Leber, Jörg Traeger. Kunst aus der Universität Regensburg, hg. v. Gerhard Franz, Bernhard Gajek, Achim Hubel, Karl Möseneder, Regensburg 1995, 10–14.

Zeit als Denkmal. Überlegungen zu Clemens Brentanos ‚Geschichte vom braven Kasperl und dem schönen Annerl', in: Zeitspezifisches. Konrad Köstlin zum 8. Mai 1995, hg. v. Elisabeth Fendl, Regensburg 1995, 73–82.

Bettine von Arnim und die bayerische Erweckungsbewegung, in: ‚Die Erfahrung anderer Länder'. Beiträge eines Wiepersdorfer Kolloquiums zu Achim und Bettina von Arnim, hg. v. Heinz Härtl und Hartwig Schulz, Berlin 1994, 247–269.

Das Literaturarchiv Sulzbach-Rosenberg als Beispiel für Kulturarbeit in der Region, in: Germanistentreffen Bundesrepublik Deutschland – Polen, 26.9.–30.9.1993. Dokumentation der Tagungsbeiträge, hg. v. Werner Roggausch, Bonn 1994, 399–405; ebenso in: Festschrift 30. Bayerischer Nordgautag Sulzbach-Rosenberg. Die Oberpfalz und ihre

Nachbarn aus dem ehemaligen Nordgau, hg. v. Edda PREISSL, Regensburg 1994, 56–60.

Deutsch-polnisches Germanistentreffen des DAAD in Regensburg (26.–30.9.1993), in: Schlesischer Kulturspiegel: Literatur, bildende Kunst, Musik, Geschichte, Volkskunde 29 (April 1994), 20.

Literatur und Moral. Überlegungen zu Kunstfreiheit und Zensur, in: Gutenberg-Jahrbuch 69, 1994, 229–240.

Helga Abret, Albert Langen, in: Études germaniques 49, 1994, N.2, 223–226 [Rez. zu: Helga ABRET, Albert Langen. Ein europäischer Verleger, München 1993].

Norm, Wert und Wertung in interdisziplinärer Sicht: Fortführung der fakultätsübergreifenden Seminare im WS 1992/93. Germanistik. Regensburger Universitäts-Zeitung 1994 (3), 12.

Romantiker in Regensburg, in: Aufklärung als Problem und Aufgabe. Festschrift für Sven-Aage Jørgensen zum 65. Geburtstag, hg. v. Klaus BOHNEN, München 1994, 257–277; ebenso in: Germanistentreffen Bundesrepublik Deutschland – Polen, 26.9.–30.9.1993. Dokumentation der Tagungsbeiträge, hg. v. Werner ROGGAUSCH, Bonn 1994, 67–82.

Deutsch-polnisches Germanistentreffen des DAAD in Regensburg, in: Regensburger Universitäts-Zeitung 1993 (6), 12.

Als Gast in Łódź, in: Regensburger Universitäts-Zeitung 1993 (4), 17.

Hans E. Giehrl – eine doppelte Würdigung, in: Volkacher Bote. Zeitschrift der Deutschen Akademie für Kinder- und Jugendliteratur 48, 1993, 2–3.

Der romantische Dichter und das Christentum. Clemens Brentanos religiöse Schriften. in: Clemens Brentano 1778–1842 zum 150. Todestag, hg. v. Hartwig SCHULTZ, Frankfurt/M. 1993, 109–131.

Oberammergau und Ludwig Thoma. Überlegungen zur Bedeutung eines Geburtsortes, in: Forschungen zur bayerischen Geschichte. Festschrift für Wilhelm Volkert zum 65. Geburtstag, hg. v. Dieter ALBRECHT, Frankfurt/M. 1993, 293–319.

Wie frei ist die Kunst? Überlegungen zum Verhältnis von Literatur und Moral, in: Blick in die Wissenschaft 2, 1993, 4–13.

Georg Britting (1891–1964). Vorträge des Regensburger Kolloquiums 1991, hg. zusammen mit Walter SCHMITZ, Frankfurt/M. 1993 (Regensburger Beiträge zur deutschen Sprach- und Literaturwissenschaft, B 52)

‚Estetica'. Die Entstehung der modernen Ästhetik bei Johann Georg Hamann. Terzo millennio. Rivista internazionale di scienze umane 4, 1992, 171–175.

Honorarprofessur für Dr. Eberhard Dünninger, in: Regensburger Universitäts-Zeitung 1992 (5), 16.

Ernst Jünger. Einführung in sein Leben und Werk, in: Brünner Beiträge zur Germanistik und Nordistik VIII, 1992, 53–72.

Johann Georg Hamann. Autor und Autorschaft. Acta des sechsten Internationalen Hamann-Kolloquiums im Herder-Institut zu Marburg/Lahn 1992, hg. v. Bernhard GAJEK, Frankfurt/M. 1996.

Das Literaturarchiv Sulzbach-Rosenberg, in: Literatur in Bayern. Vierteljahresschrift für Literatur, Literaturkritik und Literaturwissenschaft 26, 1991, 46–47.

Die Schwierigkeit, Nationaldichter zu sein. Erinnerung an Ludwig Thoma, in: Neue Zürcher Zeitung (NZZ), Fernausgabe 223, 1991, 44.

Hermann Hesses Wirkung in den USA. Hesse in Deutschland. Literaturkritik contra Leserbedürfnis, in: Dokkyo International Review (4), 1991, 154–189.

Volksstück und Volkstheater heute. Gedanken zu den Dramen von Franz Xaver Kroetz ‚Der Weihnachtstod', Felix Mitterer ‚Stigma' und Ludwig Thoma ‚Magdalena', in: Begleitheft zur Ausstellung Theaterverein Bizau 125 Jahre, hg. v. Helmut SWOZILEK, Bregenz 1991, 41–48.

Gotteslästerung – ein Thema unserer Zeit? Fortführung der fakultätsübergreifenden Seminare mit dem Thema ‚Blasphemie – ein interdisziplinäres Problem', v. Bernhard GAJEK, Konrad BAUMGARTNER, Helmut LUKESCH, Wolfgang NASTAINCZYK, Friedrich-Christian SCHRÖDER, Dieter SCHWAB, Norbert SCHIFFERS, in: Regensburger Universitäts-Zeitung 1990 (5), 1–5.

Ernst Jünger. Vom zweiten ins dritte Jahrtausend. Zum 95. Geburtstag des Schriftstellers Ernst Jünger am 29. März, in: Der Kleine Bund. Kultur-Beilage des Bund 141, 1990.

Johann Georg Hamanns ‚Sokratische Denkwürdigkeiten'. Zu Hamanns 200. Todesjahr, in: Hauptwerke der Literatur. Vortragsreihe der Universität Regensburg, hg. v. Hans BUNGERT, Regensburg 1990, 147–162 (Schriftenreihe der Universität Regensburg 17).

Das Kopierbuch Korfiz Holms (1899–1903), in: Études germaniques 44, 1989, 444–445 [Rez. zu: Das Kopierbuch Korfiz Holms (1899–1903), hg. v. Helga ABRET und Aldo KEEL, Bern 1989].

Ludwig Thoma, Der Jagerloisl. Eine Tegernseer Geschichte. Mit 15 Zeichnungen von Eduard Thöny und 40 Zeichnungen von Julius Widmann. Textrevision und Nachwort, München 1989 (Serie Piper 925).

‚Alle Briefe waren vortrefflich', in: Schweizer Monatshefte 69, 1989, 237–242 [Rez. zu: Johann Georg Hamann, Briefe, hg. v. Arthur HENKEL, Frankfurt/M. 1988].

Ernst Jünger, in: Schweizer Monatshefte 69, 1989, 640–647 [Rez. zu: Ernst Jünger. Leben und Werk in Bildern und Texten, hg. v. Heimo SCHWILK, Stuttgart 1988].

Hermann Hesses Literaturkritik, in: Schweizer Monatshefte 69, 1989, 835–842 [Rez. zu: Hermann Hesse, Die Welt im Buch, Leseerfahrungen I, hg. v. Volker MICHELS zusammen mit Heiner HESSE, Frankfurt/M. 1988].

Ludwig Fulda, Briefwechsel 1882–1939. Zeugnisse des literarischen Lebens in Deutschland, hg. zusammen mit Wolfgang von UNGERN-STERNBERG, 2 Bde., Frankfurt/M. 1988 (Regensburger Beiträge zur deutschen Sprach- und Literaturwissenschaft, A 4).

Ludwig Thoma, Andreas Vöst. Roman. Textrevision und Nachwort, München 1988 (Serie Piper 806).

Ludwig Thoma, Der Ruepp. Roman. Textrevision und Nachwort, München 1987 (Serie Piper 543).

Bettina von Arnim (1785–1859). Von der Romantik zur sozialen Revolution, in: Internationales Jahrbuch der Bettina-von-Arnim-Gesellschaft 3, 1989, 11–30; ebenso in: ‚Die Liebe soll auferstehen'. Die Frau im Spiegel romantischen Denkens, hg. v. Wolfgang BÖHME, Karlsruhe 1985, 9–26 (Herrenalber Texte 59).

Ludwig Thoma, Magdalena. Ein Volksstück in drei Aufzügen. Textrevision und Nachwort, München 1985 (Serie Piper 428).

Ludwig Thoma, Tante Frieda. Neue Lausbubengeschichten. Mit 38 Zeichnungen von Olaf Gulbransson. Textrevision und Nachwort, München 1985 (Serie Piper 379).

Fulda, Ludwig (Anton Salomon), in: Literatur-Lexikon. Autoren und Werke deutscher Sprache, hg. v. Walther KILLY, Band 4: Fri – Hap, Gütersloh 1998, 64–65.

Johann Georg Hamann (1730–1788). Leben und Werk eines Königsberger Philosophen. Zum 200. Todestag des ‚Magus in Norden', in: Acta Borussica. Beiträge zur ost- und westpreußischen Landeskunde 1989, 3, 65–80.

Probleme pornographischer und gewaltdarstellender Literatur und Kunst: Ein interdisziplinäres Seminar im WS 1988/89, v. Bernhard GAJEK, Helmut LUKESCH, Friedrich-Christian SCHRÖDER, in: Regensburger Universitäts-Zeitung 1989 (5), 21–23.

Das Evangelium auf der Bühne. Überlegungen zu drei Volksstücken: Franz Xaver Kroetz' ‚Der Weihnachtstod', Felix Mitterers ‚Stigma' und Ludwig Thomas ‚Magdalena', in: Einheit in der Vielfalt. Festschrift für Peter Lang zum 60. Geburtstag, hg. v. Gisela QUAST, Bern 1988, 89–110.

Zum Geleit, in: Johann Georg Hamann 1730–1788. Quellen und Forschungen, hg. v. Renate KNOLL, Bonn 1988 (Schriften der Universitätsbibliothek Münster 3).

Dichtung ohne Transzendenz. Gegenreligiöse Verkündigung im Werk von Günter Grass, in: Zeitwende 58 (2), 1987, 85–103; erneut in: Die Bibel im Verständnis der Gegenwartsliteratur, hg. v. Johann HOLZNER und Udo ZEILINGER, St. Pölten 1988, 143–156.

Johann Georg Hamann, Essais à la Mosaique. Lettre néologique & provinciale sur l'inoculation du bon sens. Übersetzt von Antoinette FINK-LANGLOIS [Strasbourg], unter Mitwirkung von Gonthier-Louis FINK [Strasbourg] und Bernhard GAJEK [Regensburg]; erläutert von Antoinette FINK-LANGLOIS, in: Johann Georg Hamann und Frankreich. Acta des dritten Internationalen Hamann-Colloquiums im Herder-Institut zu Marburg/Lahn 1982, hg. v. Bernhard GAJEK, Marburg 1987, 64–79 (Kultur- und geisteswissenschaftliche Ostmitteleuropa-Studien 3).

Unwissenheit – Selbsterkenntnis – Genie. Hamanns Sokrates-Deutung, in: Hamann. Insel Almanach auf das Jahr 1988, hg. zusammen mit Oswald BAYER, Josef SIMON, Frankfurt/M. 1987, 31–38.

Zwei unbekannte Briefe Johann Georg Hamanns, in: Jahrbuch des Freien Deutschen Hochstifts 1986, 34–60.

Die ‚Italiänische Reise' des Vaters, in: Neue Zürcher Zeitung (NZZ) 292, 1986, 37–38 [Rez. zu: Johann Caspar GOETHE, Reise durch Italien im Jahre 1740 (Viaggio per l'Italia), übers. und kommentiert v. Albert MEIER, München 1986].

Ludwig Thoma, Agricola. Bauerngeschichten. Mit Zeichnungen von Adolf Hölzel und Bruno Paul. Textrevision und Nachwort, München 1986 (Serie Piper 487).

Einleitung zu dem Film ‚Hermann Hesse – Heiliger der Hippies'. Beobachtungen zu Hermann Hesses Wirkung in den USA in den 60er und 70er Jahren, in: International forum = Kangyon-nonmunjip / International Cultural Society of Korea 81–82, 1985, 37–52.

Wissenschaft, Buchhandel, Wissenschaftsjournalismus. Zu einer Ausstellung der Bibliothek des Deutschen Museums in München, in: Regensburger Universitäts-Zeitung 1985 (5), 1–5.

Ludwig Thoma, Moral. Komödie in drei Akten. Textrevision und Nachwort, München 1985 (Serie Piper 297).

‚Morgenglanz der Ewigkeit'. Über Gotteserfahrung im Zeugnis der Dichtung, in: Träume, Visionen – Offenbarung. Über Gotteserfahrungen, hg. v. Wolfgang BÖHME, Karlsruhe 1984, 60–82 (Herrenalber Texte 51).

Clemens Brentano. Portrait eines romantischen Dichters, in: Studia linguistica et philologica. Festschrift für Klaus Matzel zum 60. Geburtstag, hg. zusammen mit Hans-Werner EROMS und Herbert KOLB, Heidelberg 1984, 71–86 (Germanische Bibliothek: Reihe 3, Untersuchungen).

Die fruchtbare Beleidigung. Zur Entstehung von Ludwig Thomas Komödie ‚Moral', in: Persönlichkeiten. Dialog Schule-Wissenschaft. Deutsch und Geschichte, hg. v. Helmut KREUZER, München 1984, 81–112 (Acta Hohenschwangau 1983).

Geschichtlichkeit und Wirkung religiösen Dichtens. Zu Christian Knorr von Rosenroths Lied ‚Morgenandacht', in: Zeitwende 55, 1984, 103–117.

Sittlichkeit statt Revolution. Die Versöhnung von Pflicht und Neigung als ‚Unerhörte Begebenheit'. Zu Goethes ‚Unterhaltungen deutscher Ausgewanderten' (1794/95), in: Vielfalt der Perspektiven. Wissenschaft und Kunst in der Auseinandersetzung mit Goethes Werk, hg. v. Hans-Werner Eroms und Hartmut Laufhütte, Passau 1984, 149–163.

Ludwig Thoma, Der Wilderer und andere Jägergeschichten. Textrevision und Nachwort, München 1984 (Serie Piper 321).

Ludwig Thoma, Münchnerinnen. Roman. Textrevision und Nachwort, München 1984 (Serie Piper 339).

Zu Ludwig Thomas ‚Moral‘, in: Piper Almanach zum 80. Jahr, hg. v. Klaus Piper, München 1984, 102–116.

Liebe Friederike … (Brief an eine Abiturientin, die Germanistik studieren will), in: Abi: Berufswahl-Magazin 1983 (10), 13–17.

‚Das rechte Verhältnis der Selbständigkeit zur Hingebung‘. Über Karoline von Günderrode (1780–1806), in: Frankfurt aber ist der Nabel dieser Erde. Das Schicksal einer Generation der Goethezeit, hg. v. Christoph Jamme und Otto Pöggeler, Stuttgart 1983, 206–226 (Deutscher Idealismus 8).

Beobachtungen zu Hermann Hesses Wirkung in den USA, in: Zeitschrift für deutsche Studien, Daegu (Korea), 1983, 35–51.

Dichtung und Religion. J. M. Sailer und die Geistesgeschichte des 18. und 19. Jahrhunderts, in: Johann Michael Sailer. Theologe, Pädagoge und Bischof zwischen Aufklärung und Romantik. Vortragsreihe der Universität Regensburg, hg. v. Hans Bungert, Regensburg 1983, 59–85 (Schriftenreihe der Universität Regensburg 8).

Johann Michael Sailer (1751–1832). Seelsorger – Theologe – Kirchenlehrer. Festvortrag in Sailers Geburtsort Aresing aus Anlass des 150. Todestages am 20. Mai 1982, in: Neuburger Kollektaneenblatt, Jahrbuch 135, 1983, 173–186; ebenso in: Klerusblatt [München] 62, 1982, 205–208.

Sisyphos und der Dichter. Überlegungen zu Günter Grass' ‚Die Kopfgeburten oder die Deutschen sterben aus‘, in: Studia Germanica Posnaniensia 12, 1983, 45–65.

Die Bedeutung des Literaturarchivs Sulzbach-Rosenberg für die Regensburger Germanistik, in: Regensburger Universitäts-Zeitung 1982 (6), 7–8.

Achim von Arnim: Romantischer Poet und preußischer Patriot (1781–1831), in: Sammeln und Sichten. Festschrift für Oscar Fambach zum 80. Geburtstag, hg. v. Joachim Krause, Norbert Oellers, Karl

Konrad Polheim, Bonn 1982, 264–282 (Mitteilungen zur Theatergeschichte der Goethezeit 4); ebenso in: Acta Hohenschwangau 1981, hg. v. Helmut Kreuzer, München 1981, 62–76.

Heidelberg – Regensburg – München: Stationen Brentanos, in: Euphorion 76, 1982, 58–81.

Johann Michael Sailer. Priester, Theologe und Bischof, in: Schrobenhausener Lese- und Bilderbuch, hg. v. Benno Bickel, Schrobenhausen 1982, 73–83.

Johann Michael Sailers Wirkung auf die Romantiker, in: Regensburger RU-Notizen. Informationen zum Religionsunterricht 2, 1982, 3–6.

Theater als Gebrauchskunst. Überlegungen zu den Bühnenstücken Ludwig Fuldas (1862–1939), in: Gebrauchsliteratur, Interferenz, Kontrastivität. Beiträge zur polnischen und deutschen Literatur- und Sprachwissenschaft. Materialien des Germanistisch-Polonistischen Symposiums, Regensburg, 22.–27. Oktober 1979, hg. zusammen mit Erwin Wedel, Frankfurt/M. 1982, 143–172 (Regensburger Beiträge zur deutschen Sprach- und Literaturwissenschaft, B 21).

Achim von Arnim in Regensburg. Zu seinem 200. Geburtstag, in: Mittelbayerische Zeitung, Januar 1981.

Die Frage der Theodizee in moderner deutscher Lyrik. Überlegungen zu Gedichten von Marie Luise Kaschnitz, in: ‚Gott nicht gelobt'. Über Dichtung und Glauben, hg. v. Wolfgang Böhme, Karlsruhe 1981, 43–67 (Herrenalber Texte 35).

Clemens Brentano. Sämtliche Werke und Briefe, Bd. 26: Religiöse Werke 5. Das bittere Leiden unsers Herrn Jesu Christi, Text, Stuttgart 1980 (Historisch-kritische Ausgabe, veranstaltet vom Freien Deutschen Hochstift).

Romantik im Taschenbuch. Anmerkungen zu einer Gedicht-Anthologie, einer Bettina- und einer Achim-von-Arnim-Monographie, in: Schweizer Monatshefte 60, 1980, 241–249.

Umleitung in Regensburg – Ausfahrten aus der Sackgasse ‚Lehramt', in: Uni-Berufswahlmagazin. Perspektiven für Beruf und Arbeitsmarkt 4, 1980, 24–25.

Der Prophet und der Dichter. Gusto Gräser, Hermann Hesse und der Monte Verità, in: Schweizer Monatshefte 59, 1979, 639–643.

Johann Michael Sailer, Melchior Diepenbrock, Clemens Brentano. Ein Stück Regensburger Kulturgeschichte des frühen 19. Jahrhunderts, in: Zwei Jahrtausende Regensburg. Vortragsreihe der Universität Regensburg zum Stadtjubiläum 1979, hg. v. Dieter ALBRECHT, Regensburg 1979, 141–159 (Schriftenreihe der Universität Regensburg 1).

Zur Kulturgeschichte Regensburgs im 19. Jahrhundert. Ausstellung im Museum der Stadt Regensburg, 16.1.–18.2.1979, in: Regensburger illustriertes Stadtmagazin 1979 (1), 32.

Abschlussbericht der Fortbildungskommission (innerhalb des Deutschen Germanistentages Regensburg 1977), in: Mitteilungen des Deutschen Germanistenverbandes 25, 1978, 23–26.

‚Einführung in den praktischen Journalismus'. Ein Versuch und sein Zusammenhang. Berichte aus der Sicht eines Literaturwissenschaftlers, des Lehrbeauftragten und der Teilnehmer, in: Regensburger Universitäts-Zeitung 1978 (5), 7–9.

‚Politik des Gewissens'. Hermann Hesses ‚Politische Schriften', in: Schweizer Monatshefte 58, 1978, 367–375.

Dichter – Natur – Geschichte. Peter Huchels Weg in die deutsche Gegenwart, in: Die deutsche Teilung im Spiegel der Literatur. Beiträge zur Literatur und Germanistik der DDR, hg. v. Karl LAMERS, Stuttgart 1978, 121–144 (Bonn aktuell 64).

Die Brentano-Literatur 1973–1978. Ein Bericht, in: Euphorion 72, 1978, 439–502.

Hesse als Literaturkritiker – Die Literaturkritik und Hesse. Internationales Symposion zum 100. Geburtstag des Dichters im Deutschen Literaturarchiv in Marbach a. N., in: Schweizer Monatshefte 58, 1978, 192–193.

Philologie als Aufklärung. Verfahren und Ergebnisse der historisch-kritischen ‚Wunderhorn'-Ausgabe, in: Schweizer Monatshefte 58, 1978, 539–542.

‚… Lieb, Leid und Zeit und Ewigkeit'. Clemens Brentano und die Frauen. Ein Beitrag anlässlich seines 200. Geburtstages. Bayerischer Rundfunk, Sendemanuskript v. 7.9.1978.

Der Poet als Politiker. Zu Hermann Hesses ‚Gesammelten Briefen', in: Über Hermann Hesse. Band 2. 1963–1977, hg. v. Volker MICHELS, Frankfurt/M. 1977, 180–194.

Gegenwart und Geschichte in der Literatur. Zur Diskussion um Ulrich Plenzdorfs ‚Die neuen Leiden des jungen W.', in: Geist und Zeichen. Festschrift für Arthur Henkel zu seinem 60. Geburtstag, hg. zusammen mit Herbert ANTON und Peter PFAFF, Heidelberg 1977, 127–136.

Hermann Hesses Wirkung in den USA. Überlegungen zu seinem 100. Geburtstag, in: Schweizer Monatshefte 57, 1977, 295–309.

Johann Georg Hamann, in: Deutsche Dichter des 18. Jahrhunderts. Ihr Leben und Werk, hg. v. Benno von WIESE, Berlin 1977, 276–299.

Laudatio auf Walter Höllerer zur Verleihung des Kulturpreises der Oberpfalz am 30. Juni 1977 in Landshut, Burg Trausnitz, in: Literaturarchiv Sulzbach-Rosenberg. Eröffnung des Archivs und der J.-E.-von Seidel-Ausstellung, hg. zusammen mit Oswald HEIMBUCHER und Sepp LÖSCH, Sulzbach-Rosenberg 1977, 16–22.

Archiv für zeitgenössische Literatur in Sulzbach-Rosenberg gegründet. Unter dem Patronat der Universität Regensburg und des literarischen Colloquiums Berlin, in: Regensburger Universitäts-Zeitung 1976 (2), 8.

Auf den Weg, in: Textlinguistik und ihre Didaktik, hg. v. Ortwin BEISBART, Edeltraud DOBNIG-JÜLCH, Hans-Werner EROMS, Gerhard KOSS, Donauwörth 1976, 7.

Literarische Fiktion und Geschichte. Einführung in Johannes Bobrowskis Romane und Gedichte, in: Regensburger Universitäts-Zeitung 1974 (10), 2–7.

Tradition und Widerstand. Einführung in das Werk Peter Huchels, in: Regensburger Universitäts-Zeitung 1974 (10), 2–13.

Der Poet als Politiker. Zu Hermann Hesses ‚Gesammelten Briefen', in: Schweizer Monatshefte 54, 1974, 343–354.

Wir brauchen eine Dissertationszentrale, in: Mitteilungen des Hochschulverbandes (MittHV) 22, 1974, 319.

ut pictura poesis ..., in: Zeichnungen, Radierungen und Aquarelle, hg. v. Günter W. VORBRODT und Norbert RICHTER-SCROBINHUSEN, Regensburg 1974, 10–11.

Deutsche Dissertationszentrale gegründet, in: Mitteilungen des Hochschulverbandes (MittHV) 19, 1971, 271.

Johannes Bobrowskis Porträtgedichte. Zur Auseinandersetzung eines Autors mit seiner Gesellschaft, in: Sprache und Bekenntnis. Hermann

Kunisch zum 70. Geburtstag, 27. Okt. 1971, hg. v. Wolfgang FRÜH-
WALD, Berlin 1971, 403–422 (Literaturwissenschaftliches Jahrbuch,
Sonderband).

Homo Poeta. Zur Kontinuität der Problematik bei Clemens Brentano.
Frankfurt/M. 1971 (Goethezeit 3).

Brentanos Verhältnis zur Bildenden Kunst, in: Bildende Kunst und Literatur. Beiträge zum Problem ihrer Wechselbeziehungen im neunzehnten Jahrhundert, hg. v. Wolfdietrich RASCH, Frankfurt/M. 1970, 35–56 (Studien zur Philosophie und Literatur des neunzehnten Jahrhunderts 6).

Autor – Gedicht – Leser. Zu Johannes Bobrowskis ‚Hamann'-Gedicht, in: Literatur und Geistesgeschichte. Festgabe für Heinz Otto Burger, hg. v. Reinhold GRIMM, Berlin 1968, 308–324.

Die Abderiten sind unter uns. Zur Neuinszenierung von Ludwig Fuldas Lustspiel ‚Des Esels Schatten' im Frankfurter Theater am Turm, in: Schweizer Monatshefte 47, 1967, 511–513.

Goethes Leben und Werk in Daten und Bildern, hg. zusammen mit Franz GÖTTING und Jörn GÖRES, Frankfurt/M. 1966.

Jahresbericht 1964 der Handschriftensammlung des Freien Deutschen Hochstifts, in: Jahrbuch des Freien Deutschen Hochstifts 1965, 492–501.

Ludwig Fulda, in: Handbuch der deutschen Gegenwartsliteratur, hg. v. Hermann KUNISCH, München 1965, 203.

Die Erscheinung des Heiligen und des Erhabenen in Gedichten; Der Niederschlag religiöser Erfahrung in moderner deutscher Lyrik, in: Moderne Lyrik als Ausdruck religiöser Erfahrung, hg. zusammen mit Dieter SEILER und Reinhard DROSS, Göttingen, 18–34 und 35–70 (Evangelisches Forum 3).

Hamann, in: Südwestfunk, Schulfunkprogramm 29/15, 1964, 164–166.

Jahresbericht 1963 der Handschriftensammlung des Freien Deutschen Hochstifts, in: Jahrbuch des Freien Deutschen Hochstifts 1964, 441–450.

Goethe-Porträts, in: Neue deutsche Biographie (NDB), Band 6: Gaál – Grasmann, Berlin 1964, 575.

Ottilie von Goethe, in: Neue deutsche Biographie (NDB), Band 6: Gaál – Grasmann, Berlin 1964, 575–576.

Wolfgang Maximilian von Goethe, in: Neue deutsche Biographie (NDB), Band 6: Gaál – Grasmann, Berlin 1964, 576–577.

Clemens Brentano. Werke, hg. zusammen mit Wolfgang FRÜHWALD, Friedhelm KEMP, München 1963–68, 2. Aufl. 1973–78.

Der Romantiker und die Nonne. Ungedruckte Briefe Clemens Brentanos, in: Frankfurter Allgemeine Zeitung, 1963.

Die deutsche Hochsprache in der Schweiz und in Österreich, in: Zeitschrift für deutsche Wortforschung 19, 1963, 164–170.

Jahresbericht 1962 der Handschriftensammlung des Freien Deutschen Hochstifts, in: Jahrbuch des Freien Deutschen Hochstifts 1963, 562–578.

Lesartenapparat zu Bettina von Arnims Armenbuch, zusammen mit Detlev LÜDERS, in: Jahrbuch des Freien Deutschen Hochstifts 1962, 396–518.

Zur Geschichte des Freien Deutschen Hochstifts. Auslagerung und Rücktransport, 1939–1952; Zerstörung und Wiederaufbau 1943–1945, in: Jahrbuch des Freien Deutschen Hochstifts 1962, 523–534.

Hamanns Anfänge, in: Blätter für evang. Geisteskultur 29, 1960, 113–118.

Besorgung der Lautschrift (zusammen mit Theodor Siebs), in: Deutsche Hochsprache. Bühnenaussprache, hg. v. Theodor SIEBS und Helmut de BOOR, 16. Auflage Berlin 1957.

Was ist gutes Deutsch? Zur Neuauflage des ‚Siebs', in: Deutschunterricht für Ausländer 7, 1957, 114–118.

Wie sprechen wir Deutsch?, in: Erziehung und Beruf 8, 1957.

Zusammengestellt von Gertrud Maria Rösch; Stand: Oktober 2023.

Die Beiträgerinnen und Beiträger

Anna-Maria Diller, Dr. phil., studierte Germanistik an der Universität Regensburg. Nach ihrer Promotion bei Bernhard Gajek (*Ludwig Thomas Versdichtungen. Textedition und Kommentar*. Regensburg 2012) arbeitete sie einige Jahre als Kulturredakteurin in München. Heute lebt sie wieder in ihrer Heimat- und Geburtsstadt Regensburg und ist als freiberufliche Journalistin und Lektorin mit Schwerpunkt Heimat und Heimatliteratur tätig.

Nicole Durot, Dr. phil., studierte an der Universität Nanterre Germanistik und promovierte 1999 an der Sorbonne. Ihre Doktorarbeit erschien 2007 unter dem Titel: *Ludwig Thoma et Munich. Une contribution à la vie sociale, politique et culturelle à Munich autour de 1900*. Sie unterrichtet als Oberstudienrätin in der Académie de Versailles Deutsch und hatte Lehraufträge an den Universitäten Nanterre und Cergy-Pontoise.

Waldemar Fromm, Prof. Dr. phil., Studium der Neueren Deutschen Literatur, Psychologie, Linguistik und Philosophie an den Universitäten in Heidelberg und Marburg. 1996 Promotion mit einer Arbeit über die Poetik Kafkas (München 1998), 2004 Habilitation mit einer Arbeit über das Sagbare und das Unsagbare in der Literatur und Ästhetik der Aufklärung, der Romantik und der Moderne (Freiburg 2006). Seit 2010 Leiter der Arbeitsstelle für Literatur in Bayern an der Ludwig-Maximilians-Universität München. Zahlreiche Veröffentlichungen zur Literatur seit der Aufklärung. Mitherausgeber des Jahrbuchs der Freunde der Monacensia und des Jahrbuchs der Oskar Maria Graf-Gesellschaft. Zuletzt zusammen mit Gabriele von Bassermann-Jordan, Wolfram Göbel, Kristina Kargl (Hg.): *Frauen der Boheme 1890–1920*. München 2022, und als Herausgeber: *Münchner Salons. Literarische Geselligkeit im 19. und frühen 20. Jahrhundert*. Regensburg 2021.

Wilhelm Liebhart, Prof. Dr. phil., lehrte Geschichte, Politik und Literatur an der Technischen Hochschule Augsburg und leitet das Klostermuseum Altomünster. Viele seiner Publikationen gelten der bayerischen Landes- und Kirchengeschichte sowie Ludwig Thoma und seinem Umkreis: *Ludwig Thoma, Ignatius Taschner und Altomünster. Anmerkungen zu einer Begegnung.*

In: *Amperland* 29 (1993), 113–117; *Ludwig Thoma, Ignaz Taschner und das Dachauer Hinterland.* In: *Freunde der Monacensia e.v. Jahrbuch 2021,* 204–211; *Ludwig Thoma und der Deutsche Krieg von 1866. Kriegserlebnisse aus dem Dachauer Hinterland.* In: *Amperland* 53 (2017), 180–185; *Jakob Grießer und Joseph Gailer schreiben 1905/1906 für Ludwig Thoma.* In: *Zidalbach 772–2022.* Altomünster 2022, 37–41.

Michael Pilz, assoz. Prof. Dr. phil., studierte Bibliotheks- und Informationswissenschaft in Leipzig und Deutsche Philologie in Innsbruck, wo er nach einer Magisterarbeit zum literaturkritischen Werk Josef Hofmillers bei Stefan Neuhaus mit einer Dissertation über Ernst Toller promoviert wurde. 2020 habilitierte er sich in Innsbruck mit einer Studie über den Leipziger Messkatalog. Er hat zahlreiche Arbeiten zur Literatur und zum Literaturbetrieb vorzugsweise des 19. und 20. Jahrhunderts vorgelegt, darunter auch mehrere zur Münchner Moderne und zur Literatur in Bayern. Seit 2014 leitet er das Innsbrucker Zeitungsarchiv zur deutsch- und fremdsprachigen Literatur (IZA) an der Leopold-Franzens-Universität Innsbruck.

Gertrud Maria Rösch, Prof. Dr. phil., studierte Germanistik und Anglistik an den Universitäten Regensburg und Hull (Großbritannien). Neben ihrer Dissertation bei Bernhard Gajek (*Ludwig Thoma als Journalist. Ein Beitrag zur Publizistik des Kaiserreichs und der frühen Weimarer Republik.* Frankfurt, Bern u. a. 1990) und ihrer Habilitation bei Georg Braungart (*Clavis Scientiae. Studien zum Verhältnis von Faktizität und Fiktionalität am Fall der Schlüsselliteratur.* Tübingen 2004) erschienen zahlreiche Publikationen über Karikatur und Satire, über Drama im 19. Jahrhundert, über deutschsprachige Gegenwartsliteratur sowie das Handbuch: *Fakten und Fiktionen. Werklexikon der deutschsprachigen Schlüsselliteratur 1900–2010.* Erster Halbband: Andres bis Loest. Zweiter Halbband: Heinrich Mann bis Zwerenz. Stuttgart 2011, 2013. Sie ist jetzt an der Universität Heidelberg tätig.

Klaus Wolf, Prof. Dr. phil., lehrt Bayerische Literaturgeschichte an der Universität Augsburg und ist Mitglied der Münchner Turmschreiber. Als Vorsitzender des Vereins Literaturschloss Edelstetten ist er beteiligt an den Tegernseer LiteraTouren (TELITO). Thomas kritische Spätphase würdigte er bes. in: *Bayerische Literaturgeschichte. Von Tassilo bis Gerhard Polt* (München 2018); mit Franz-Josef Rigo gab er den Band heraus: *Ludwig Thoma. Zwischen Stammtisch und Erotik, Satire und Poesie.* München 2021.